Für meine liebe Frau Gerti.
In Liebe und Dankbarkeit
für ihre unendliche Geduld
und die mir zugestandenen
Freiräume.

Rolf Tietz

Mein

Seepferdchen

Ein Rückblick auf
30 Jahre
Schwimmausbildung

Die Deutsche Nationalbibliothek verzeichnet diese Publikation in der Deutschen Nationalbibliografie; detaillierte bibliografische Daten sind im Internet über http://dnb.d-nb.de abrufbar.

Herstellung und Verlag

Books on Demand GmbH,
Norderstedt

ISBN 978383702049

INHALTSVERZEICHNIS

Vorwort

„Vor einiger Zeit las ich ein Buch
worin das Leben
mit einer Zugreise verglichen wurde.
Eine sehr interessante Lektüre.

Das Leben ist wie eine Reise mit einem Zug.
Man steigt oft ein und aus,
bei manchen Aufenthalten gibt es angenehme Überraschungen
und glückliche Momente, aber auch Unfälle und Traurigkeit.

Wenn wir geboren werden und in den Zug einsteigen,
treffen wir Menschen, von denen wir glauben,
dass sie uns die ganze Reise begleiten werden,
unsere Eltern.

Leider ist die Wahrheit eine andere.
Sie steigen irgendwann aus
und lassen uns, ohne ihre Liebe und Zuneigung,
ohne ihre Freundschaft und Gesellschaft, zurück.

Allerdings steigen andere Personen,
die für uns wichtig werden, in den Zug ein.

Es sind unsere Geschwister, unsere Freunde und Menschen,
die uns begegnen und die wir lieben lernen.
Manche Personen, die einsteigen, betrachten die Reise
als kleinen Spaziergang oder Zeitvertreib.

Andere finden viel Traurigkeit auf ihrer Fahrt durchs Leben.
Und es gibt wieder andere im Zug,
die immer bereit sind,
denen zu helfen, die Hilfe brauchen.

Manche hinterlassen beim Aussteigen
eine immerwährende Sehnsucht.
Manche steigen ein und wieder aus
und wir haben sie kaum bemerkt

Es erstaunt uns, dass manche Passagiere,
die wir am liebsten haben,
sich in einen anderen Wagon setzen
und uns die Reise in diesem Abschnitt alleine machen lassen.

Selbstverständlich lassen wir uns nicht davon abhalten
sie zu suchen und uns zu ihrem Wagon durchzukämpfen.
Leider können wir uns dann doch nicht zu ihnen setzen,
da der Platz an ihrer Seite schon besetzt ist.

So ist das Leben. Voller Herausforderungen, Hoffnungen,
Träumen, Fantasien, Traurigkeiten und Abschieden.
Machen wir diese Reise, so gut wir es können.
Versuchen wir mit allen im Zug gut auszukommen
und sehen wir in jedem von ihnen das Beste.

Erinnern wir uns daran,
dass in jedem Abschnitt der Strecke
einer der Gefährten schwanken kann und möglicherweise
dann unser Verständnis braucht.

Auch wir werden schwanken
und es wird jemand da sein,
der uns versteht.

Das große Mysterium der Reise ist, dass wir nicht wissen,
wann wir endgültig den Zug verlassen werden.
Und genauso wenig wissen wir,
wann unsere Mitreisenden aussteigen werden.
Auch von denen nicht, die direkt neben uns sitzen.

Ich werde wehmütig sein,
wenn ich aus dem Zug für immer aussteige.
Ich glaube, die Trennung von einigen Freunden,
die ich während der Reise traf,
wird sehr wehtun.

Meine Kinder alleine zu lassen,
wird mich traurig machen.
Aber ich habe die Hoffnung, dass wir alle einmal
am Zentralbahnhof ankommen werden.

Dann werde ich sie wieder sehen,
mit Gepäck, das sie beim
Einsteigen noch nicht hatten.
Das wird mich froh stimmen.

Was mich glücklich macht,
ist der Gedanke, dass ich mitgeholfen habe,
ihr Gepäck zu vermehren
und ich die richtigen Inhalte hineingetan habe.

Schauen wir, dass wir eine gute Reise haben
und dass sich am Ende die Mühe gelohnt hat.

Versuchen wir, dass wir beim Aussteigen
einen leeren Sitz zurücklassen,
der Sehnsucht und schöne Erinnerungen
bei den Weiterreissenden hinterlässt.

Ich wünsche allen
eine Gute Reise.“[1]

[1] PowerPointZauber aufbereitet von Dottore El Cidre

Seit nunmehr über dreißig Jahren versuche ich das Gepäck der Menschen mit den richtigen Schwimmtechniken zu füllen. Ich bin stolz auf das von den Kindern, Jugendlichen und Erwachsenen Geleistete. Aber auch auf mich bin ich ein wenig stolz.

Erste Gedanken zu meinem ersten Buch

Es ist kein Zufall, dass Schwimmen eine der beliebtesten Freizeitbeschäftigungen ist. Dies gilt quer durch alle Altersgruppen. Schon für die Kinder ist es ein wahres Vergnügen, mit dem „nassen Element" umzugehen. Dabei spielt das Alter keine entscheidende Rolle. Durch den frühen Umgang mit dem Wasser wird den Kindern die Scheu genommen. Sie können das für das Schwimmen so notwendige Vertrauen spielerisch aufbauen. Somit ist der Grundstein gelegt, dass sie später zu sicheren Schwimmerinnen und Schwimmern werden.

Auf den Lehrstoffplänen der Schulen steht neben Rechnen, Lesen und Schreiben auch die Schwimmausbildung. Im Gegensatz zum Lesen, Schreiben und Rechnen ist die Schwimmausbildung jedoch häufig erst in der fünften oder sechsten Klassenstufe auf dem Stundenplan enthalten. Die derzeitige Lehrersituation macht Stundenausfälle unumgänglich. Leider ist sehr häufig die Schwimmausbildung von diesen Ausfällen betroffen. Dies führt dazu, dass mittlerweile rund ein Drittel der Kinder, die die Grundschule verlassen, nicht schwimmen können.

Seit nunmehr dreißig Jahren versuche ich dieser Entwicklung entgegenzuwirken. Die große Zahl der zum Schwimmkurs angemeldeten Kinder beweist, dass der Bedarf riesig groß ist. Was 1972 als reine Freizeitbeschäftigung begonnen hat, ist mittlerweile zu einer herausfordernden Aufgabe für mich geworden. Eine Aufgabe, die mich mit Stolz erfüllt. Ich habe viel investiert und sehr viel zurückbekommen. Die Arbeit mit den Kindern macht mir heute nach wie vor sehr viel Freude.

„Die Jugend hat schlechte Manieren, hat keinen Respekt vor älteren Leuten und tyrannisiert ihre Lehrer." Nein das sage nicht ich, sondern der Meinung war kein Geringerer als Sokrates. Der Auszug aus einem Zitat des Philosophen, gestorben 399 vor Christus in Athen, zeigt deutlich, dass alle Schwierigkeiten mit Jugendlichen so neu nicht sind.[2]

Das Verhalten der Kinder hat sich in den letzten drei Jahrzehnten geändert. Das ist wohl wahr. Nur eines ist gleich geblieben: Es sind immer noch Kinder. Ihre offenen, ehrlichen, vertraulichen und fordernden Charaktereigenschaften sind auch heute noch vorhanden. Man muss sich nur auf die Suche nach diesen Eigenschaften machen und sie auch finden wollen. Hat man einmal Zugang zu den Kindern gefunden, ist es nicht mehr schwer, ihnen das Schwimmen beizubringen. Bei den Erwachsenen sieht es nicht viel anders aus. Hier fehlt nur der spielerische Aspekt. Beim Erwachsenen kann das gezeigte Verhalten im Wasser nur durch stichhaltige Argumente, Willensstärke und viele kleine Erfolgserlebnisse verändert werden.

Eines haben die Kinderschwimmkurse mit den Kursen der Erwachsenen allerdings gemeinsam. Alle Teilnehmer haben viel Spaß, das Gemeinschaftserlebnis wird gestärkt und in den meisten Fällen wird der Kurs erfolgreich beendet. Kein Kurs gleicht dem anderen. Jede Ausbildungsstunde unterscheidet sich von allen anderen Stunden. Dies macht die Tätigkeit als Schwimmlehrer so interessant. Menschen sind eben keine Maschinen, die nach einem vorgefertigten Schaltplan funktionieren. Kinder müssen auch einmal Kind sein dürfen und die Erwachsenen haben Stimmungsschwankungen, die eben nicht sofort beim Betreten des Wassers vergehen.

---

[2] Rhein-Zeitung, Ausgabe C Mayen v. 23.12.2008, Seite 22

Dreißig Jahre ergeben eine Menge Eindrücke, die sich durch die Arbeit mit Kindern, Erziehungsberechtigten, Badegästen und Schwimmmeistern fest in mir eingeprägt haben.

In vielen Gesprächen mit Eltern und Helfern wurde ich ermuntert, diese Eindrücke aufzuschreiben und in einem Buch zusammenzufassen.

Das Schreiben, Recherchieren und Erinnern hat mir sehr viel Spaß und Freude gemacht. Ich danke allen lieben Menschen, die mich bei dieser Arbeit unterstützt haben. Danken möchte ich auch allen Erziehungsberechtigten, die mir ihr Einverständnis zur Abbildung der Fotos mit ihren Kindern gegeben haben.

Ein ganz besonderer Dank gilt meinem Arbeitskollegen Stefan Ochmanek, der die Aufgabe des Lektors übernommen hat. Sollten dennoch grammatikalische Unrichtigkeiten festgestellt werden, liegt dies sicherlich an der sehr knapp bemessenen Zeit für das Lektorat.

„Das Wasser ist ein freundliches Element für den, der damit bekannt ist und es zu behandeln weiß“

Johann Wolfgang von Goethe

Wie alles begann

Mendig, eine kleine Gemeinde in der Vordereifel. Hier lebe ich, gehe zur Schule und – es gibt neben vielen anderen Freizeiteinrichtungen ein Schwimmbad. Ein Schwimmbecken mit einer Länge von fünfzig Metern und Sprungbretter für mehr oder weniger waghalsige Sprünge aus einem oder drei Metern sind vorhanden. Der Nichtschwimmer- und der Schwimmerbereich sind durch ein rotes Seil, welches sich quer durch das Becken zieht, getrennt. Gleich nach dem roten Seil geht es mit dem Boden recht steil nach unten. Das Wasser ist nicht besonders warm. Nur wenn die Sonne mehrere Tage scheint, erwärmt sich das Wasser auf erträgliche Temperaturen.

Am Beckenrand läuft ein braungebrannter Mann in weißer Bekleidung majestätisch auf und ab. Es ist Herr R., der Bademeister. Er ist der Chef und somit für die Sicherheit im Schwimmbecken verantwortlich. Was er sagt ist Gesetz. Wir alle müssen uns dann an die von ihm ausgesprochenen Regeln halten. Sein wichtigstes Utensil ist die um den Hals gehängte Trillerpfeife. Immer dann, wenn sich ein Badegast nicht korrekt verhält, wird diese Pfeife malträtiert. Es wird ständig getrillert. Die Anschauungen über korrektes Verhalten im Schwimmbad sind offensichtlich sehr unterschiedlich. Irgendwie werde ich den Eindruck nicht los, dass der mit dem Pfeifen beabsichtigte Zweck nicht wirklich erreicht wird.

Immer dann, wenn Herr R. zum Babyschwimmbecken, welches weit ab vom Hauptbecken liegt, unterwegs ist, nutzen wir die günstige Gelegenheit und springen vom Beckenrand was das Zeug hält. Wir ignorieren alle ausgegebenen Regeln und haben einen Riesenspaß dabei. Werden wir dennoch erwischt, müssen wir für eine halbe Stunde auf die Wiese und dürfen so lange nicht mehr in das

Schwimmbecken. Es ist schon ein tolles Gefühl etwas Verbotenes zu tun. Das hat sich bis heute bei den Kindern nicht geändert.

Besonders vertrauensvoll sieht Herr R. für mich auch nicht aus. Er ist bereits recht betagt, geht gebückt und hat sicherlich aufgrund der ständigen Trillergeräusche einen Hörschaden. Sein Verhalten ist mir noch heute als recht mürrisch in Erinnerung. Wenn ich so recht nachdenke, kann ich mich nicht wirklich an ein nettes Wort von ihm oder ein Lächeln in seinem Gesicht erinnern.

Hier im Schwimmbad verbringe ich im Sommer viele Stunden meiner Freizeit. Dabei spielt das Wetter nicht unbedingt eine Rolle. Die Hauptsache ist doch: Man ist weg von zu Hause und den Eltern, die Mädchen haben nur einen Bikini oder Badeanzug an und man kann sich ein wenig positiv bei den Mädchen darstellen. Außerdem verschwendet man hier keinen Gedanken an Hausaufgaben oder andere unbequeme Tätigkeiten.

In den späten Nachmittagsstunden erscheinen immer wieder Männer in weißen T-Shirts mit dem Aufdruck DLRG. Sie trainieren mit Kindern und Jugendlichen deren schwimmerische Fähigkeiten, Springen und Tauchen. Alle Beteiligten scheinen bei dieser Beschäftigung sehr viel Spaß zu haben. Sie gehen mit „weißen Anzügen“ in das Wasser und erwecken nicht nur meine ganze Aufmerksamkeit. Die Jungen der Gruppe scheinen einen besonders positiven Eindruck bei den zuschauenden Mädchen zu hinterlassen.

Ich interessiere mich für diese Gruppe und suche den Anschluss. Gerne werde ich im Verein aufgenommen. Ich brauche nicht nachzuweisen, dass ich schwimmen kann. Auch eine Aufnahmeprüfung ist nicht erforderlich. Nur ein Antragsformular ist auszufüllen und muss neben meiner Unterschrift, die meiner Mutter oder meines Vaters enthalten. Dies stellt jedoch kein wirkliches Problem dar. Gerne unterschreibt mein Vater das entsprechende Formular.

Jetzt bin ich Mitglied bei der Deutschen-Lebens-Rettungs-Gesellschaft, Ortsgruppe Niedermendig. Das Angebot in der Organisation ist viel versprechend. So kann ich neben den Schwimmprüfungen Frei-, Fahrten- und Jugendschwimmen auch den Grundschein oder den Leistungsschein der DLRG erwerben.

Die DLRG-Wachstation am nahe gelegenen Laacher See wird in den Monaten April bis September durch Mitglieder der Ortsgruppe besetzt. Zwischen der kleinen Holzhütte, der eigentlichen Station, und dem See befindet sich nur die Liegewiese für die Sonnenhungrigen. Direkt am See steht ein Wachturm, dessen Sitzplatz über eine Leiter erreicht werden kann. Sehr stabil scheint er mir nicht zu sein. Dennoch, von dort oben hat man neben einem ungehinderten Blick auf den See auch noch die Möglichkeit, die umliegenden Stellplätze und vorbeigehenden Campinggäste zu beobachten. Am Bootssteg, der weit in den See hineinragt, ist das für Rettungszwecke vorgesehene Motorboot befestigt. Hier am See hat man doch die Gelegenheit, neue Kontakte zu knüpfen und so nebenbei macht man auch noch etwas Sinnvolles.

Doch so einfach, wie ich mir das vorstelle, ist es eben nicht. Zunächst muss ich den Rettungsschwimmschein in Bronze erwerben. Nur damit habe ich die Möglichkeit, Wachdienst am Laacher See zu absolvieren. Also muss ich beweisen, dass ich schwimmen und retten kann.

Ab sofort gehöre ich der Trainingsgruppe für den DLRG-Grundschein an. Jetzt bin ich derjenige, der mit einem „weißen Anzug“ ins Wasser springt und dort die Aufmerksamkeit der jungen femininen Badegäste auf sich zieht.

Das Mendiger Freibad, 1973

Zuerst kommt der Fleiß

Die Bedingungen für den Grundschein der DLRG sind klar:

- 15 Minuten Dauerschwimmern, davon 5 Minuten in Rückenlage ohne Armtätigkeit
- 100 Meter Schwimmen, bekleidet mit Hose und Jacke („weißer Anzug"), anschließend in Schwimmlage entkleiden
- 15 Meter Streckentauchen
- Zweimal 2-3 Meter Tieftauchen aus der Schwimmlage, einmal kopfwärts und einmal fußwärts, innerhalb von drei Minuten mit zweimaligem Heraufholen eines 2,5 kg schweren Gegenstandes
- 50 Meter Transportieren eines etwa gleichschweren Menschen in Badebekleidung. 25 Meter Schieben und 25 Meter Ziehen
- 30 Meter Retten eines etwa gleichschweren Menschen in Badebekleidung, 15 Meter Kopfgriff und 15 Meter Achselgriff
- Befreiungsgriffe
    - Befreiungen aus folgenden Umklammerungen an Land und im Wasser:
        - Halswürgegriff mit den Händen von vorne und hinten
        - Halsumklammerung mit den Armen von vorne und hinten
        - Umklammerung des Oberkörpers von vorne und hinten ohne Einschluss der Arme
        - Umklammerung der Beine
        - Armumklammerung ein- und beidseitig
- Allgemeine Baderegeln und Hilfe am und im Wasser

- Behandlung eines geretteten Menschen
    - Vorbehandlung und Wiederbelebung
    - Die DLRG: Organisation, Aufgaben und Prüfungen

Eigentlich kein Problem – denke ich. Doch schon bei der ersten Tauchdisziplin muss ich erkennen, dass es ohne Übung nicht wirklich funktionieren wird. Offensichtlich sind die Übungsstunden nicht ohne Grund eingerichtet worden. Mein Ehrgeiz ist geweckt. Dieter, mein Schwimmtrainer, erklärt mir alles Wichtige und sagt mir auch, worauf besonders zu achten ist. Ich wusste gar nicht, dass beim Schwimmen auf so unterschiedliche Dinge geachtet werden muss. Für mich war das Schwimmen immer begrenzt auf Arm- und Beinbewegungen und das zwischenzeitliche Atmen. Die Befreiungsgriffe üben wir bis zum Umfallen auf der Wiese und im Nichtschwimmerbecken.

Das Training zeigt erste Früchte. Meine Schwimmzeiten werden besser, beim Tauchen habe ich nicht mehr dieses Ohrensausen und die Befreiungsgriffe kann ich auch auf dem Schulhof anwenden, wenn mir jemand zu nahe kommt. Dieter ist ein super Schwimmtrainer.

Nach unendlich vielen Trainingstagen kommt endlich der Prüfungstag. Ich bin aufgeregt. Mein Selbstbewusstsein ist angekratzt. Es gibt kein Zurück mehr. Jetzt gilt es zu zeigen ob das Training wirklich erfolgreich war. Ich schwimme zwar keine Zeiten die eine Teilnahme an den Olympischen Sommerspielen rechtfertigen würden, aber die von der Prüfungsordnung vorgegebenen Bedingungen werden eingehalten. Die Sprünge aus drei Metern Höhe sind dann auch recht lustig. Ich kann springen wie ich will. Also, einen Kopfsprung, der mich mit dem Rücken auf dem Wasser aufschlagen lässt, einen Sprung, bei dem die Knie an die Brust gezogen werden und man als „Paket" ins Wasser eintaucht und einen ganz normalen Sprung mit den Füssen zuerst ins Wasser.

Jetzt stehen nur noch die Befreiungsgriffe an. Schnell werden die Griffe noch einmal auf der Wiese geübt, bevor Dieter mit mir in das Schwimmerbecken geht. Auf dem Weg zum Schwimmbecken fragt er mich ganz fürsorglich, ob ich bereit für die Prüfung sei. Ich grinse ihn so selbstbewusst wie nur möglich an und bejahe seine Frage. In meinem Bauch habe ich ein ganz anderes Gefühl. Das darf aber jetzt nicht zum Aufgeben führen. Ich schaffe das schon.

Wir schwimmen in die Mitte des Schwimmerbeckens. Dieter umkreist mich ständig. Plötzlich legen sich seine Hände wie eine Schlauchklemme um meinen Hals und ehe ich mir der Situation wirklich bewusst bin, befinde ich mich unterhalb der Wasseroberfläche. Natürlich habe ich vergessen, vorher ausreichend Luft in meine Lungen zu pumpen. Der Versuch, unter Wasser Luft in die Lungen zu bekommen, scheitert kläglich. Der korrekte Befreiungsgriff fällt mir in der aufsteigenden Panik auch nicht ein. Nach circa drei Liter Wasserschlucken erkennt Dieter meine missliche Lage und löst die Umklammerung. Jetzt ist es Dieter, der ein Lächeln im Gesicht hat. Für heute habe ich keine Lust mehr auf weitere Prüfungen. Es ärgert mich weniger, dass ich nicht korrekt reagiert habe. Vielmehr erzürnt mich das aufgesetzte breite Grinsen in Dieters Gesicht. Was bildet der sich eigentlich ein? Er ist ja auch viel größer als ich rede ich mir als Entschuldigung ein.

Ein paar Tage später starten wir einen erneuten Versuch. Als Vorbereitung haben wir alle Befreiungsgriffe noch einmal auf der Wiese und anschließend im Nichtschwimmerbecken geübt. Mit viel Selbstbewusstsein begebe ich mich in das Schwimmerbecken und erwarte den „Angriff“ von Dieter. Plötzlich, aber diesmal nicht unerwartet, verschwindet mein Hals in Dieters Riesenhänden. Meine Lunge enthält ausreichend Luft bevor ich unter die Wasseroberfläche verschwinde. Der korrekte Befreiungsgriff wird von mir schulmäßig durchgeführt. Geschafft! Dieter liegt mit dem Rücken auf dem Wasser und ich kann ihn zum Beckenrand schleppen.

Das Herausholen aus dem Schwimmbecken ist bei seinem Gewicht nicht gerade eine leichte Aufgabe. Aber bei meinem dritten Versuch gelingt mir auch dies. Von den Schrammen an Dieters Rücken möchte ich hier nichts wiedergeben.

Bei der nächsten Übung legt Dieter seine Hände um meine Handgelenke und zieht mich unter Wasser. Irgendwie werde ich das Gefühl nicht los, dass sich derzeit zwei Schraubzwingen, immer weiter festdrehend, an meinen Unterarmen befinden. Ich lasse mich auf den Beckenboden sinken. In drei Meter Tiefe sitzen wir uns nun gegenüber. Wir lächeln, nein wir feixen uns an. Ich bin mir sicher, dass mein Luftvorrat größer als Dieters ist. Nach kurzer Zeit stellt sich dies jedoch als glatte Fehleinschätzung heraus und ich muss mir dringend etwas einfallen lassen. In meiner Not trete ich Dieter von vorne zwischen seine zum Schneidersitz geformten Beine. Die Enge der Schraubzwingen lässt schlagartig nach. Dicke Luftblasen entweichen aus Dieters Mund und Nase. Mehr kann ich nicht erkennen denn er steigt mit atemberaubender Geschwindigkeit auf. Als auch ich die Wasseroberfläche erreiche, belehrt er mich über den nicht korrekt angewandten Befreiungsgriff. Nachdem ich wieder zu atmen begonnen habe, räume ich ein, dass der „Griff" zwar nicht korrekt, jedoch sehr wirkungsvoll gewesen ist. Wir müssen beide lachen und gehen für heute aus dem Wasser. Nur einen Tag später bestehe ich dann auch die Übungen mit den Befreiungsgriffen.

Der Rest ist dann nur noch reine Formsache. Die Baderegeln, die Maßnahmen zur Selbstrettung und die Kenntnisse in Erster-Hilfe stellen kein Problem dar. Die Prüfung ist geschafft und ich darf das Abzeichen für den Grundschein auf der Badehose tragen. Mit fünfzehn Jahren bin ich zwar nicht der jüngste Rettungsschwimmer aller Zeiten, aber ich bin stolz auf das von mir Geleistete. Als ausgebildeter Rettungsschwimmer bin ich nun berechtigt Wachdienst am Laacher See zu leisten.

Der Dienst auf der Wachstation am Laacher See ist jedoch fest in der Hand einer eingeschworenen Gemeinschaft. Dort komme ich so schnell nicht hinein.

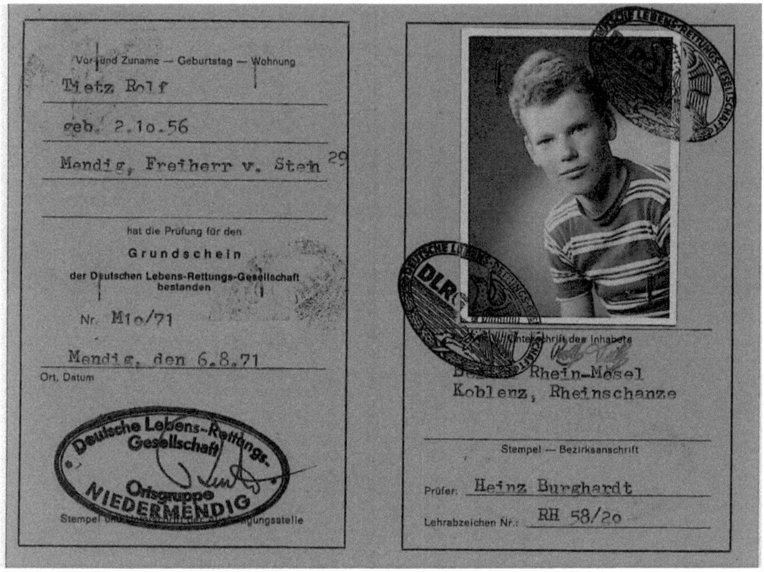
Vor- und Zuname — Geburtstag — Wohnung

Tietz Rolf

geb. 2.10.56

Mendig, Freiherr v. Stein 29

hat die Prüfung für den

Grundschein

der Deutschen Lebens-Rettungs-Gesellschaft bestanden

Nr. M10/71

Mendig, den 6.8.71

Ort, Datum

Deutsche Lebens-Rettungs-Gesellschaft Ortsgruppe NIEDERMENDIG

Unterschrift des Inhabers

Rhein-Mosel

Koblenz, Rheinschanze

Stempel — Bezirksanschrift

Prüfer: Heinz Burghardt

Lehrabzeichen Nr.: RH 58/20

Mein DLRG-Grundschein

Damit meine Mühen nicht ganz nutzlos waren unterstütze ich Herrn R. bei der Beckenaufsicht im Schwimmbad und nehme regelmäßig am DLRG-Training teil. Ich setze mir ein neues Ziel. Mein Ehrgeiz gilt ab sofort dem Absolvieren der Bedingungen für den Leistungsschein. Er ist die Steigerung des Grundscheines und auf ihn richte ich nun meine ganze Aufmerksamkeit. Im Vergleich zum Grundschein habe ich für die schwimmerischen Disziplinen nicht mehr so viel Zeit zur Verfügung. Aber mit gezieltem Training sind auch diese Zeiten zu erreichen.

Die Befreiungsgriffe sind mit den Befreiungsgriffen beim DLRG-Grundschein identisch. Bei den Tauchübungen sind die Strecken länger und die Tiefen größer.

Es bleibt mir nicht mehr viel Zeit, denn bald ist die Schwimmbad-saison zu Ende. Ich nutze jede Gelegenheit zum Üben. Jetzt in den Ferien bin ich von morgens bis abends im Schwimmbad. Nur einen Monat nach der erfolgreichen Prüfung für den Grundschein erfülle ich alle Bedingungen für den Leistungsschein der DLRG. Selbst die Befreiungsgriffe stellen diesmal kein Problem dar. Mein Stolz ist unbeschreiblich. Nach außen hin äußert sich dies nicht nur durch das Tragen des Rettungsschwimmabzeichens auf der Badehose, sondern auch durch einen wesentlich größeren Brustumfang. Kein Klassenkamerad hat ein solches Abzeichen bisher erworben.

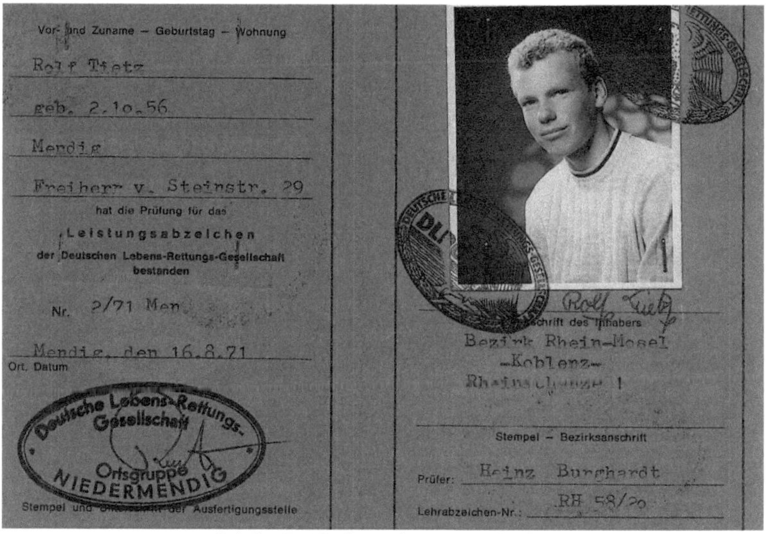
Vor- und Zuname – Geburtstag – Wohnung
Rolf Tietz
geb. 2.10.56
Mendig
Freiherr v. Steinstr. 29
hat die Prüfung für das
Leistungsabzeichen
der Deutschen Lebens-Rettungs-Gesellschaft
bestanden
Nr. 2/71 Men
Mendig, den 16.8.71
Ort, Datum
Deutsche Lebens-Rettungs-Gesellschaft Ortsgruppe NIEDERMENDIG
Stempel und Unterschrift der Ausfertigungsstelle
Unterschrift des Inhabers
Bezirk Rhein-Mosel
-Koblenz-
Stempel – Bezirksanschrift
Prüfer: Heinz Burghardt
Lehrabzeichen-Nr.: RH 58/70

Mein DLRG-Leistungsschein

Die restliche Schwimmbadsaison helfe ich Herrn R. bei der Beckenaufsicht. Er scheint nicht gewillt zu sein, von seiner bisherigen Art und Weise der Aufsicht abzuweichen. Ich darf am Beckenrand auf- und abgehen. Ich darf aufpassen aber keinerlei Anweisungen für richtiges Verhalten geben. Wenn ich ehrlich bin, weiß ich auch gar nicht wie man sich im Schwimmbad richtig verhält. Wie lange er wohl noch diesen Beruf ausüben wird, frage ich mich immer wieder.

Da ich sowieso im Schwimmbad bin, schaue ich Dieter, Lorenz und Emil bei ihren Schwimmkursen zu. Kein Kurs läuft nach dem gleichen Muster ab. Jeder scheint so seine eigene Art und Weise entwickelt zu haben. Nur eines haben die Kurse gemeinsam. Ein Kurs umfasst fünfzehn Übungsstunden. Wie hoch die Erfolgsquote ist kann ich nicht beurteilen. Viele Jahre später wird mich diese Überlegung jedoch wieder einholen. Heute schaue ich nur zu und mache mir so meine eigenen Gedanken.

Jeder Schwimmlehrer bringt „seinen Kindern" das Schwimmen anders bei. Der eine scheint sehr streng zu sein. Ein anderer Schwimmlehrer lässt die Kinder gewähren. Wieder ein anderer steht nur am Beckenrand und gibt seine Anweisungen von dort. Es hat den Anschein, dass er wasserscheu ist. Ich muss innerlich lachen. Wie sollen denn die Kinder schwimmen lernen? Was macht er eigentlich wenn etwas passiert? Springt er dann trotz seiner vermeintlichen Wasserscheu ins Wasser? Mir steht es aber nicht zu, diese Methode zu kritisieren. Schließlich habe ich keinerlei Erfahrung und würde berechtigterweise als arrogant oder anmaßend abgewiesen.

Bald habe ich keine Gelegenheit mehr, die Aktivitäten im Schwimmbad zu beobachten. Das Wetter ist doch schon recht herbstlich. Es ist meist kühl und es finden fast nur noch die „Dauerschwimmer" den Weg in das Schwimmbad. Die Schwimmkurse werden auch eingestellt. Die Schwimmbadsaison neigt sich dem Ende zu.

„Schwimmen ist leicht, wenn einem das Kinn gehalten wird“

Sprichwort

Meine ersten Erfahrungen in einem Schwimmkurs

Die neue Saison hat noch nicht begonnen und dennoch laufen die Vorbereitungen für die Schwimmbadsaison auf Hochtouren. Das Wasser wird aus dem Becken abgelassen. Die Wände und der Beckenboden werden ausgiebig geschrubbt und Beschädigungen werden ausgebessert. Die Außenanlagen werden für eine lange Saison hergerichtet und das Becken mit frischem Wasser befüllt. Wenn das Becken voll ist befinden sich dort ungefähr anderthalb Millionen Liter Wasser.

Dieter fragt mich schon im April ob ich ihn bei der Durchführung seiner Schwimmkurse unterstützen könne. Natürlich sage ich zu. Die vorbereitenden Maßnahmen scheinen perfekt zu sein. Jahrelange Erfahrungen sind hier umgesetzt worden. Anmeldungen werden ausschließlich an der Kasse im Schwimmbad entgegengenommen. Dort liegt eine Liste bereit, in die Name und Adresse des Kindes eingetragen werden. Die Verteilung in die Schwimmkurse erfolgt entsprechend der Reihenfolge in der Liste. Der erste Schwimmkurs mit meiner Unterstützung beginnt.

Gleich am ersten Abend werden Erklärungen zum Ablauf und zur Zielsetzung gegeben. Fragen der Eltern werden beantwortet und die Schwimmkursgebühr wird für alle angemeldeten und teilnehmenden Kinder kassiert. Anschließend bleibt nicht mehr viel Zeit für das Wasser. Noch bevor wir den ersten Fuß in das Wasser setzen, beginnen die ersten Kinder zu weinen. Ich kann das nachvollziehen. Auch mir ist bei dem wolkenverhangenen Himmel nicht gerade warm in meiner Badehose. Das Wasser hat eine gefühlte Temperatur von maximal 19 Grad Celsius, obwohl wir seit diesem Jahr eine Anlage zum Beheizen des Wassers auf dreiundzwanzig Grad Celsius in Betrieb genommen haben. Sie scheint nur nicht richtig zu funktionieren. Dennoch gehen wir mit allen Kindern ins Wasser und bilden dort einen Kreis. Wir halten uns an den Händen fest. Die erste Schwimmstunde beginnt.

Zwölf Kinder stehen nun im Kreis zusammen und hüpfen auf und ab. Der Ansage von Dieter, das Gesicht ins Wasser zu legen, kommen nur zwei Jungs nach. Die restlichen Kinder ignorieren die Ansage oder fangen an zu weinen. Dann ist die Zeit vorbei. Die Mütter kommen uns mit Handtüchern oder Bademänteln für ihre Kinder entgegen. Ich weiß nicht, wer mehr in diesen Minuten gelitten hat, die Mütter, die Kinder oder wir.

Die zweite Stunde beginnt bei wiederum bescheidenen Temperaturen mit dem Feststellen der Vollzähligkeit. Anschließend bekommen die Kinder ihre erste Baderegel erklärt. Dieter macht die Kinder darauf aufmerksam, dass sie als Nichtschwimmer nur so weit in das Wasser gehen dürfen, bis das Wasser an die Brust heranreicht. Die Augen hängen an Dieters Lippen. Viele geben ihre Einschätzung zu dieser Baderegel ab. Andere wollen viel lieber zur Mami. Wir ziehen uns um und gehen zum Schwimmbecken. Hier werden die Kinder mit ihrer zweiten Baderegel vertraut gemacht. Vor dem Schwimmen duscht man sich immer ab. Diese Regel scheint nun ganz und gar nicht den Gefallen bei den Kindern zu finden. Sie haben jedoch keine wirkliche Chance. Wer nicht freiwillig unter die Dusche geht, duscht auf dem Arm von Dieter. Dies geht wiederum nicht ohne Geschrei vonstatten. Die Temperatur des Wassers im Nichtschwimmerbecken wird nach dem Duschen wesentlich wärmer empfunden. Die Baderegel ist also alleine unter diesem Blickwinkel recht sinnvoll. Ich übernehme die Aufgabe, während des Duschvorgangs den Drücker an der Duschsäule zu bedienen.

So komme ich wenigstens um das kalte Duschwasser herum. Jetzt bekommt das Wort „Drückeberger“ plötzlich eine ganz andere Bedeutung für mich.

Die Schwimmstunde ist geprägt von Wassergewöhnungsübungen. Hier zeigt sich wie unterschiedlich die Kinder sind. Einigen kann es nicht wild genug sein. Manche lassen sich untergehen und zeigen wie toll sie tauchen können. Andere versuchen sich vor allen Übungen zu drücken. Sie befinden sich immer hinter Dieter oder mir.

Doch Dieter scheint auch Augen im Hinterkopf zu haben. Kein Kind kann sich wirklich erfolgreich vor einer Übung drücken. Gleitübungen beenden die Stunde. Nicht nur die Kinder scheinen geschlaucht zu sein. Auch ich bin froh über das Ende der Stunde.

Die dritte Stunde beginnt bei strahlendem Sonnenschein. Bei so einem Wetter macht es gleich viel mehr Spaß ins Wasser zu gehen. Wieder wird zu Beginn die Vollzähligkeit überprüft. Wir kennen die Kinder jetzt alle mit dem richtigen Namen und das scheint für sie auch wichtig zu sein. Eine Baderegel haben wir heute nicht besprochen. Kurt weint ständig und will eigentlich gar nicht schwimmen lernen. Heute bekommen wir ihn nicht überredet mitzukommen. Aber morgen muss er wieder mit ins Wasser. Alle anderen Kinder gehen mehr oder weniger freiwillig mit in das Wasser. Wir setzen unsere Wassergewöhnungsübungen fort. Das ist heute nicht ganz so einfach. Ganz Mendig und Umgebung scheint sich heute hier im Schwimmbad zu treffen. Wir behaupten unseren Platz aber ganz gut und so können die Kinder nach Tauchringen tauchen, Gleitübungen machen oder einfach nur spielen. Die Kinder sind bei diesem schönen Wetter mit Feuereifer dabei. Es ist ganz schön anstrengend den Überblick zu behalten.

Ständig befinden sich Kinder, die nicht zur Schwimmkursgruppe gehören, zwischen „unseren Kindern“. Einige von diesen „Störkindern“ kenne ich von meiner Tätigkeit als Aufsichtsperson am Wochenende. Sie machen sich einen Spaß daraus, uns zu ärgern. Nach einer guten Dreiviertelstunde gehe ich sichtlich erschöpft mit den Kindern aus dem Schwimmbecken.

Die vierte Schwimmkursstunde beginnt mit dem Üben der Beinbewegungen. Wir bleiben mit den Kindern auf den Steinfliesen unter der Überdachung des Umkleidetraktes. Auf der Wiese ist nicht wirklich ein geeigneter Ort für diese Übung vorhanden. Die Beinbewegungen gleichen den Beinbewegungen eines Frosches. Anziehen – spreizen – und feste gerade zusammen. Noch bin ich mir nicht darüber im Klaren wie oft ich diesen Satz in meinem Leben noch sagen werde.

Nach den Beinbewegungen kommt die obligatorische Baderegel. Gehe niemals mit vollem, aber auch nicht mit ganz leeren Magen ins Wasser. Warum und weswegen das so ist, wird nicht vertieft.

Nun bekommen die Kinder einen Gurt um den Bauch gebunden. An diesem Gurt befinden sich Styroporwürfel. Der Gurt ist in keiner Weise mit den heute verwendeten hautfreundlichen Schwimmgürteln vergleichbar. Die Styroporteile sind wesentlich größer, unbeweglicher und nicht gerade hautfreundlich. Dennoch sorgen sie dafür, dass die Kinder im Wasser nicht untergehen und die Bewegungsfreiheit der Arme und Beine erhalten bleibt. Hiermit wollen wir heute Abend die korrekten Beinbewegungen im Wasser üben.

Die Mehrheit der Kinder fängt mit den Beinen an zu strampeln, als ob sie ein Fahrrad im Wasser hätten. Wir nehmen uns jedes einzelne Kind vor. Sie halten sich mit den Händen am Beckenrand fest. Wir umfassen die Füße und bewegen ihre Beine in der richtigen Reihenfolge. Ich mache die Erfahrung, dass die Kinder, deren Beine ich in der Hand habe, bemüht sind, die anderen Schwimmschüler jedoch machen was sie wollen und nicht wirklich sollen. Warum machen sie das? Ich bin wirklich ratlos und habe keine wirklich gute Lösung für das Problem. Viele Jahre später werde ich jedoch erfahren, warum das so ist. Die Stunde geht mit unterschiedlichen Erfolgserlebnissen bei den Kindern zu Ende.

Die fünfte Schwimmstunde unterscheidet sich nur in der Baderegel von der vierten Stunde. „Gehe niemals bei Gewitter ins Wasser" erklärt Dieter mit ernster Mine. „So ein Blödsinn" denke ich bei mir. Welche Eltern lassen ihre Kinder schon bei Gewitter in die Badeanstalt? Schließlich sind unsere Kinder zwischen sechs und neun Jahren. Die Vorstellung, dass diese Kiddis alleine bei Gewitter im Schwimmbad sind, erscheint mir unmöglich. Doch auch hier werde ich meine Ansicht in den folgenden Jahren korrigieren müssen.

Es ist Samstagnachmittag. Die Sonne brennt vom Himmel herunter. Keine Wolke ist zu sehen. Ich habe den Schwimmbadbesuch meinen Hausaufgaben vorgezogen und stelle nicht wirklich überrascht fest, dass viele andere Menschen auch Lust auf das Schwimmbad haben. Im Becken ist, selbst mit großer Vorstellungskraft, nicht an Schwimmen zu denken. Vielleicht bekommt man noch einen Stehplatz, mehr aber auch nicht. Wir haben Wochenende und somit wird heute Abend keine Schwimmstunde stattfinden. Ich beschränke mich auf die Beckenaufsicht.

Bei so viel Betrieb ist es kaum noch möglich, den Überblick zu behalten. Ich fühle mich das erste Mal leicht überfordert. Was mache ich, wenn ich nicht bemerke, dass jemand ertrinkt? Hier kann man nicht alles sehen. Noch während ich so nachdenke erscheint Harald. Er will mich ablösen. „Du kannst hier nicht so lange Aufsicht machen“ höre ihn sagen. „Es gibt eine Abmachungen unter uns DLRG'lern. Bei solch einem Betrieb wechseln wir uns spätestens nach fünfundvierzig Minuten ab. So kann jeder zwischendurch einmal einen klaren Gedanken fassen“. Der Lärmpegel ist aber auch enorm hoch. Ich danke Harald und verziehe mich in den Schatten. Nach fünfundvierzig Minuten löse ich ihn, wie verabredet, wieder ab. Jetzt machen mir der Lärm und der Betrieb nicht mehr so viel aus. Ich weiß ja, dass ich schon bald wieder abgelöst werde. Harald erscheint pünktlich. Ich mache ihn auf ein paar wilde Jungs aufmerksam die von mir schon eine Verwarnung wegen ihres Verhaltens bekommen hatten. Mein Weg führt direkt in den Schatten. Das Schwimmbad leert sich plötzlich wie von Geisterhand. Anscheinend wollen alle noch einkaufen oder vielleicht den Grill anheizen. Ich brauche Harald nicht mehr abzulösen und gehe müde nach Hause.

Am Montag ist aufgrund der anhaltend guten Witterung wieder sehr viel Betrieb im Schwimmbad. Für den Schwimmkurs heute Abend sehe ich schwarz. Und wieder einmal sollte ich Unrecht haben.

„Wir finden immer einen Platz für unsere Kinder“ sagt Dieter. Heute kommen die Kinder aus allen Ecken des Schwimmbades zum DLRG-Raum und wir wollen mit „unseren Kindern“ die sechste Schwimmstunde durchführen. Sie alle waren schon seit heute Mittag mit ihren Eltern oder Geschwistern im Schwimmbad. Wir machen keine lange Vorbereitungsphase. Die Kinder wollen in das kalte Nass und so legen wir ihnen die Schwimmgürtel an und gehen zum Schwimmbecken.

Entgegen der bisherigen Gewohnheit gehen wir jedoch am Nichtschwimmerbereich vorbei. Erst an dem roten Seil bleibt Dieter stehen und setzt nacheinander ein Kind neben das nächste an den Beckenrand. Die Kinder schauen unsicher. „Da sollen wir jetzt gleich rein?“ Dieter nimmt das erste Kind vom Beckenrand, hält seine Hand unter den Bauch des Kindes und fordert es auf, mit Armen und Beinen zum roten Seil zu schwimmen. Ich achte in der Zwischenzeit auf die wartende Kinderschar.

Nach und nach gelangen die Kinder an das rote Seil und halten sich dort krampfhaft mit ihren kleinen Händen fest. Jetzt gehen wir nicht, wie alle vermuten, in das Nichtschwimmerbecken. Nein, wir gehen aus dem Wasser und wandern in einer langen Reihe zum Einmeterbrett. Hier sollen nun alle Kinder, mit ihren Gürteln um den Bauch, in Dieters Arme springen.

Dieser befindet sich natürlich im Wasser und die Kinder sollen heute erstmalig aus einem Meter Höhe springen. Sechs Kinder verweigern mit Tränen in den Augen. Die restliche Gruppe springt mehr oder weniger freiwillig. Nun wechseln Dieter und ich die Rollen. Dieter geht zu den Kindern auf das Sprungbrett und ich muss ins Wasser. Mit seiner eigenen Art schafft er es, dass alle Kinder vom Einmeterbrett springen, oder gesprungen werden. Ich bin überrascht, dass er nicht mehr Widerstand erntet.

Als nun alle im Schwimmerbecken sind, versuchen wir möglichst weit mit den Kindern in Richtung des Nichtschwimmerbeckens zu schwimmen.

Hier zeigt sich deutlich der riesige Unterschied in deren Leistungsfähigkeit. Einige schaffen schon eine Strecke von fünf Metern. Andere halten sich schon nach wenigen Zentimetern am Beckenrand fest und hangeln sich dort weiter. Eines haben jedoch alle gemeinsam. Sie haben anscheinend ausreichend viel Spaß. Schließlich ist es das erste Mal, dass sie alleine im Schwimmerbecken sind und dort ihre Erfahrungen sammeln.

Im Nichtschwimmerbecken angekommen, werden die Schwimmgürtel ausgezogen und die Kinder an die Eltern zurück übergeben. Heute hat es auch mir sehr viel Spaß gemacht, wenn es auch sehr anstrengend war.

Den Rest der Woche melde ich mich vom Schwimmkurs ab. Meine Schulentlassung steht an. Diese Woche steht bei mir ganz unter dem Motto: „Endlich keine Hausaufgaben mehr“.

So ganz richtig ist das Motto jedoch nicht. Schließlich gehe ich nach den Sommerferien in die kaufmännische Handelsschule nach Mayen. Da wird man sicher auf die Hausaufgaben nicht gänzlich verzichten. Jetzt ist aber erst einmal feiern angesagt. Nachdem die Feierlichkeiten ein Ende genommen haben, gehe ich auch wieder in das Mendiger Schwimmbad. Ich freue mich schon auf die Kinder des Schwimmkurses.

Als wir zur gewohnten Zeit alle zusammen haben und in das Wasser gehen, traue ich meinen Augen nicht. Das können unmöglich die Kinder des laufenden Schwimmkurses sein. Fast alle bewegen sich derart gut im Wasser, dass es schon fast wie Schwimmen aussieht. Die Aufgabe für uns Schwimmlehrer besteht jetzt noch in der Feinabstimmung. Die Anzahl der Styroporwürfel wird immer geringer. Es geht jetzt darum, die Strecke von fünfundzwanzig Metern ohne Hilfsmittel zu schwimmen. Für viele Kinder bedeutet dies eine richtige Meisterleistung. Alle Kinder sind mit großem Eifer bei der Sache. Am Ende der Schwimmstunde setzen sie aber dann noch einen drauf. Alle, ich betone ALLE, wollen zum Abschluss der Stunde noch einmal vom Einmeterbrett springen.

Was hat Dieter in den vier Tagen mit den Kindern gemacht? Kann er zaubern? Ich bin sprachlos und das kann man bei mir nicht oft feststellen.

Die nächsten Schwimmstunden vergehen wie im Flug. Die Kinder machen enorme Fortschritte. Am Ende des Kurses können neun Kinder das Frühschwimmerabzeichen in den Händen halten und sie sind zu Recht richtig stolz auf ihre vollbrachte Leistung. Ist es doch ihr erstes Schwimmabzeichen und sie gehören jetzt nicht mehr zur Gruppe der Nichtschwimmer. Karl, Uwe und Angelika stehen ganz traurig etwas Abseits. Sie sind die Strecke heute nicht alleine geschwommen und erhalten aus diesem Grund auch kein Frühschwimmerabzeichen. Uwe weint, und kein Mensch der Welt kann ihn jetzt wirklich trösten. Karl reagiert trotzig.

Mit seinen roten Locken und den Sommersprossen im Gesicht sieht er aus wie Pumukel. „Mir doch egal“ höre ich ihn heute noch sagen. „Ich wollte das blöde Abzeichen ja gar nicht haben“ ergänzte er. Auch eine Art, mit einer Enttäuschung umzugehen. Angelika ist zuversichtlich, dass sie die geforderten Leistungen mit ein wenig Training schaffen wird. Die anderen Kinder laufen stolz zu ihren Eltern.

Dieter und ich sind „arbeitslos“. Wir trinken etwas am Kiosk und verabreden uns für kommende Woche Montag zum neuen Kurs.

Das war also meine erste Erfahrung als Schwimmlehrer. Ich habe viel über den Umgang mit Kindern lernen können. Auf einige Fragen, die ich noch vor Beginn des Schwimmkurses hatte, habe ich eine Antwort erhalten oder meine eigenen Erfahrungen gemacht. Einige Fragen bleiben jedoch unbeantwortet. „Das ist eben so“ oder „das haben wir schon immer so gemacht“ ist als Antwort eben nicht befriedigend. Aber warum soll ich mir hierüber Gedanken machen? Ich bin nur der Gehilfe von Dieter. Er ist der verantwortliche Schwimmlehrer. Ich habe keinerlei Entscheidungsbefugnis – aber Verantwortung.

Der nächste Schwimmkurs beginnt wieder mit dem Sammeln der Eltern und Kinder. Wir müssen aufgrund der Witterung in den DLRG-Raum gehen denn es regnet wie aus Eimern vom Himmel herunter. Nachdem die Schwimmkursgebühr von allen bezahlt ist werden die Rahmenbedingungen bekannt gegeben. Die üblichen Fragen der Eltern werden beantwortet und es fällt die erste Entscheidung in diesem Kurs: „Wir gehen aufgrund der widrigen Witterungsverhältnisse heute nicht in das Wasser". Zu dem Regen gesellt sich jetzt auch noch Grollen und weit weg sieht man die ersten Blitze. Wie war das doch noch mit der Baderegel? Am nächsten Abend ist das Wetter auch nicht gerade sommerlich, aber wir haben wenigstens keine Blitze und kein Donnern mehr.

Also beginnen wir, wie beim ersten Kurs, mit dem Feststellen der Anwesenheit, einer Baderegel und der Wassergewöhnung. Alles wie gehabt. Doch die Namen der Kinder wollen einfach nicht in meinem Kopf. Ständig rufe ich den falschen Namen und ärgere mich, dass die Kinder nicht reagieren. Bezeichnungen wie „Hallo", „Du da" oder „Hey" möchte ich aber auch nicht benutzen. So gewöhne ich mir an, die Kinder erst nach Aufnahme von Blickkontakten anzusprechen. Dies ist schwieriger als gedacht. Aber es gelingt mir ganz gut und ich nehme mir vor, dieses Verhalten beizubehalten.

Nach fünfzehn Schwimmeinheiten gibt es wieder Kinder, die stolze Besitzer des Frühschwimmerabzeichens sind und es gibt wieder enttäuschte, traurige und zornige Reaktionen. Eltern beschweren sich bei uns über die Beendigung des Schwimmkurses. „Mein Kind braucht nur noch wenige Stunden" argumentieren sie. Es hilft alles nichts. Der Kurs ist zu Ende und der nächste steht unmittelbar bevor. Am Ende der Schwimmbadsaison haben wir an insgesamt vierzig Kinder das Frühschwimmerabzeichen ausgehändigt.

Mir hat diese Art der Freizeitbeschäftigung unglaublich viel Spaß gemacht. Mein Entschluss steht fest. Auch ich möchte einmal als Schwimmlehrer Kindern das Schwimmen beibringen und solche Kurse selbst leiten.

Bis es soweit ist vergehen jedoch noch einige Jahre. Solange beschränke ich mich auf das Gehilfendasein und nehme noch an vielen Schwimmkursen teil. Mit jedem Kurs steigt mein Erfahrungsschatz. Ich möchte vieles genauso machen, wie ich es erlebt habe. Einiges möchte ich aber auch ändern. Vielleicht erlebe ich mit meinen Ideen ja auch eine Bauchlandung. Aber, wer nichts riskiert kann auch nichts gewinnen. Noch aber ist es nicht soweit. Noch bin ich der Gehilfe des Schwimmlehrers und der gibt die Richtung und die Regeln vor.

Das Vulkanbad Mendig, 2008

Mein erster eigener Schwimmkurs

Fast sieben Jahre sind seit meiner ersten Teilnahme als Schwimmlehrergehilfe an einem Schwimmkurs vergangen. Es hat sich einiges getan in dieser Zeit. Ich gehe nicht mehr zur Schule sondern bin bei der Bundeswehr in Mayen als Soldat stationiert. Außerdem brauche ich den Mädchen nicht mehr nachzuschauen denn ich bin glücklich verheiratet und mein jugendlicher Leichtsinn ist dem Verantwortungsbewusstsein eines jungen Erwachsenen gewichen. Mein Bekanntheitsgrad in Mendig ist durch mein Engagement im Schwimmbad enorm gestiegen. Kinder, die im Schwimmkurs mit meiner Unterstützung Schwimmen gelernt haben, sprechen mich im Geschäft an oder rufen von der anderen Straßenseite freundlich „Hallo Rolf". Eltern versuchen ihre Kinder schon vor der Eröffnung des Schwimmbades bei mir persönlich anzumelden. Sie sind dabei sehr freundlich zu mir jungem Schnösel. Mein Selbstbewusstsein wächst stetig und ich fühle mich richtig wohl in meiner Rolle als Schwimmlehrergehilfe.

Ich bekomme die Möglichkeit einen eigenen Schwimmkurs zu leiten. Meine Vorbereitungen beginnen mit der Eröffnung der Schwimmbadsaison. Die Anmeldeliste ist wie immer sehr schnell gefüllt. Mit den Kameraden, die als Schwimmlehrer tätig sind, werden Absprachen bezüglich der Anfangszeiten, der Gruppengröße, dem Platzbedarf und dem Ausbildungsbereich getroffen. Wir werden uns schnell einig. Die Rahmenbedingungen haben sich nicht geändert. So können Kinder ab dem sechsten Lebensjahr zum Schwimmkurs angemeldet werden. Ein Kurs dauert fünfzehn Ausbildungsstunden und die Kursgebühr ist am ersten Abend zu entrichten. Sie beinhaltet einen Jahresbeitrag für die Mitgliedschaft in der DLRG-Ortsgruppe. Jetzt fehlt mir nur noch eine „Hilfskraft".

Alleine möchte ich nicht mit den Kindern ins Wasser gehen. So viele Arme habe ich nicht um alle Kinder in den Griff zu bekommen. Meine Hilfe muss zuverlässig und gewissenhaft sein. Außerdem sollte sie mit Kindern umgehen können. Bei all diesen Forderungen bleibt mir keine große Auswahl. Ich entscheide mich für meine Frau Gerti. Sie kann sehr gut mit Kindern umgehen und die Anforderungen fachlicher Natur werden schließlich durch mich erfüllt.

Also nehme ich mir die Anwesenheitsliste und fange an die dort aufgeführten Telefonnummern anzurufen. „Guten Tag Frau Müller. Mein Name ist Tietz von der DLRG Mendig. Sie haben ihren Sohn Michael für einen Schwimmkurs angemeldet. Ich möchte am kommenden Montag um 17:30 Uhr mit einem Kurs anfangen. Sind sie bitte mit ihrem Sohn pünktlich hier“. So beginne ich jeden Telefonanruf. Die mir am Telefon gestellten Fragen beantworte ich gerne und so dauert jeder Anruf eben seine Zeit. Nach einer halben Stunde habe ich dreimal das Besetzzeichen gehört, vier Eltern gar nicht erreicht und ganze vier Zusagen mitteilen können. Wenn das so weitergeht telefoniere ich nächste Woche noch. Also entscheide ich mich, mein Verhalten zu ändern.

Gestellte Fragen beantworte ich sehr kurz und gebe folgende Erklärung ab: „Alle weiteren Einzelheiten erfahren sie beim Beginn der ersten Schwimmstunde. Dort kann ich dann für alle Eltern wichtige Informationen weitergeben. Fragen können für alle Teilnehmer beantwortet werden“. Durch mein geändertes Telefonverhalten erreiche ich innerhalb der nächsten halben Stunde so viele Eltern, dass mein Kurs mit zehn Kindern ausgebucht ist. Jetzt kann es also losgehen. Am Montag bin ich pünktlich im Schwimmbad. Dieter und Emil fangen auch heute mit ihren Schwimmkursen an. Dementsprechend groß ist auch der Menschenauflauf im Kassenbereich.

Es kostet uns ein wenig Mühe, die Kinder mit den Eltern an den richtigen Schwimmlehrer zu vermitteln.

So gegen 17:40 Uhr stehe ich nun mit meiner Frau vor zehn Müttern, drei Vätern und zehn Kindern. Mit Ausnahme der Kinder und meiner Frau sind alle Anwesenden älter als ich. „Aber ich bin der Chef" sage ich in mich hinein. Ich erkläre die Rahmenbedingungen für meinen ersten Schwimmkurs. Die Mithilfe der Eltern wird von mir eingefordert. Ohne diese Mithilfe stehen wir alleine auf verlorenem Posten. Zu den Rahmenbedingungen gehört auch, dass die Kinder mindestens eine halbe Stunde vor Kursbeginn nicht mehr ins Wasser gehen. „War sonst noch was?" frage ich mich während ich rede wie ein Wasserfall. Ich hätte mir besser alles auf einen Zettel aufgeschrieben. So bin ich mir nicht sicher, ob ich denn auch wirklich alle wichtigen Informationen an die Eltern weitergegeben habe. Erste Erfahrung in meinem ersten eigenen Schwimmkurs: Zu Beginn des nächsten Kurses werden alle wichtigen Informationen aufgeschrieben. Dann brauche ich nur noch abzulesen und das Gesagte abzuhaken.

Nun setze ich mich mit den Kindern auf die Wiese und versuche mir mit Hilfe meiner Anwesenheitsliste die Namen einzuprägen. Dies gelingt mir nicht wirklich. Wahrscheinlich bin ich nervöser als die Kinder, die mit großen Augen vor mir sitzen und deren Blicke an meinen Lippen hängen. Dann kläre ich alle erst einmal über meine mir eigene Namensgebung auf. „Bei mir heißen alle Mädchen Else und alle Jungs Josef". Dieser Satz führt zu heftigsten Protesten bei den Kindern. Sie rufen alle wild durcheinander und bestehen darauf, dass alle bei ihrem richtigen Namen genannt werden. Ich habe den Eindruck, dass durch meine Behauptung, die anfängliche Distanz zwischen den Kindern und mir ein kleines Stückchen geringer geworden ist. Also noch einmal. Ich lese die Namen der Kinder von meiner Anwesenheitsliste langsam nach und nach vor. Nach jedem Namen schaue ich suchend in die Kindergesichter.

Neue Kinder – neue Namen – neuer Kurs

Daniela, Karin, Max, Sabine, Antonia, Ernst, Beate, Achim, Stefan und Michael sind da. Heute Abend möchte ich keine Baderegel besprechen. Dafür haben wir später noch Zeit. Dieter und Emil stehen noch mit den Eltern ihrer Schwimmkursgruppe zusammen. So nutzen wir die Gunst der Stunde und gehen als erste Gruppe ins Wasser. Bei der Dusche verweigern einige ihre Mitarbeit. Ich nehme mir diese Kinder auf den Arm und erkläre ihnen, dass wir jetzt zusammen unter die Dusche gehen. Wir können dabei auch gerne ein wenig „pfuschen“. So lasse ich die Kinder nur mit den Armen, anschließend nur mit den Beinen und letztlich nur mit dem Po unter das wirklich kalte Wasser der Dusche. Das kommt anscheinend gut an und ich bin zufrieden.

So sieht „pfuschen“ aus

Wir gehen gemeinsam in das Nichtschwimmerbecken und bilden einen Kreis. So kann ich in die Gesichter meiner ersten Schwimmkurskinder schauen. Daniela will absolut keinem die Hand geben. Gerti nimmt sich ihrer an und macht mit ihr alles, was die anderen Kinder auch machen, eben nur alleine. Ich kann sagen was ich will. Daniela macht nur das was Gerti sagt. Wo bitte ist meine Autorität? Wo kommen wir denn hin wenn die Kinder nicht auf mich, sondern auf meine Frau hören? Die erste Stunde vergeht wie im Flug. Mir kam es vor wie zehn Minuten. Dennoch laufen die Kinder schnell zu ihren Müttern und Vätern als ich das Ende der Stunde bekannt gebe.

Die zweite Stunde beginnt mit dem Sammeln aller Kinder. Karin und Max wollen nicht ohne die Mama bleiben und so setzen sich die beiden Mütter mit in den Kreis. Ich bitte alle Kinder, dass sie sich genauso wie gestern nebeneinander setzen. So kann ich mir die Namen besser einprägen. Heute ist meine erste Baderegel an der Reihe. Sie lautet: „Rufe niemals um Hilfe, wenn Du nicht wirklich Hilfe brauchst.“

Für mich ist diese Baderegel bis heute die wichtigste Regel geblieben. Gerne erkläre ich den Kindern warum diese Baderegel so wichtig ist. „Stellt euch einmal vor“, beginne ich wie ein Märchenerzähler. „Ihr spielt mit euren Freunden im Wasser und ruft Hilfe – Hilfe – Hilfe weil euch jemand ärgert. Ich höre eure Hilferufe und springe ins Wasser um euch zu helfen. Bei euch angekommen zeigt ihr mir die lange Nase und erklärt mir, dass doch alles nur Spaß ist. Fünfzehn Minuten später habt ihr beim Schwimmen keine Kraft mehr um den Beckenrand zu erreichen. Ihr ruft wieder laut Hilfe – Hilfe – Hilfe. Diesmal springe ich nicht in das Wasser weil ich glaube, dass ihr wieder nur Spaß macht. Und dann passiert ein Unglück, obwohl es keiner wollte.“ Die Kinder saugen jedes Wort in sich auf. Hier und da schauen sie verstohlen zu Gerti hinüber und sehen, dass die den Kopf auf und ab bewegt um meine Aussage zu unterstützen. Ich bin mir sicher, dass von diesen Kindern keiner so schnell ohne Grund um Hilfe ruft.

Es ist Zeit um zu duschen und ins Wasser zu gehen. Noch während ich mit Sabine unter der Dusche stehe erschallt aus dem Nichtschwimmerbecken ein durchdringendes „Hilfe – Hilfe – Hilfe“. Das kann doch wohl jetzt nicht wahr sein. Ernst spritzt Antonia nass und die hat nichts Besseres zu tun als um Hilfe zu schreien. So kann man sich also in der Einschätzung der Aufnahmefähigkeit und der Umsetzung von frisch gelernten Baderegeln täuschen.

Wir spielen Nachlaufen im Wasser und anschließend lasse ich die Kinder in einer Reihe auf mich zulaufen. Gerti befindet sich mitten in der Kinderschar. Daniela weicht nicht von ihrer Seite und schaut sich ständig nach ihr um. Während dem Vorwärtslaufen fängt sie an zu stolpern und gerät mit dem Kopf unter Wasser. Glücklicherweise ist Gerti gleich zur Stelle und kann sie sofort auf den Arm nehmen. Das Weinen will ihr nicht wirklich gelingen. Gerti redet beruhigend auf sie ein und das zeigt eine positive Wirkung. Ich präge mir diese Situation fest in meinem Gedächtnis ein.

So beruhigt man also Kinder die mit dem Weinen anfangen wollen. Nach diesem Schreck stellen sich alle Kinder außerhalb des Beckens an den Beckenrand. Einer nach dem andern soll nun in unsere Arme springen. Entgegen meiner Erwartung erfüllen alle Kinder diese Aufgabe. Wieder zu einem Kreis formiert, versuchen wir nun so in das Wasser zu blasen, dass unser Mund ein kleines Stück in das Wasser eintaucht. Einige Kinder zucken sofort zurück als das Wasser den Mund berührt. Andere verwechseln den Kopf mit dem Mund und tauchen mit dem ganzen Körper unter Wasser. Sie haben allerdings die Schwierigkeit wieder mit den Füßen auf den Beckenboden zu kommen. Es scheint, als hätten wir nicht genügend Hände um diesem Wirrwarr Herr zu werden. Deshalb spreche ich nun ein Machtwort. „Ihr macht bitte nur das, was wir euch sagen. Nicht mehr und nicht weniger“, höre ich mich in einem etwas lauteren Tonfall sagen. Antonia, Max und Ernst hören diese Worte leider nicht. Sie befinden sich gerade unter der Wasseroberfläche und kommen erst nach meiner Anweisung mit großen Augen wieder an die Oberfläche des Wassers. Für die drei Kinder wiederhole ich meine Ansage noch einmal und versuche dabei ernst auszusehen.

Sabine kommt zu mir und erklärt mir: „Ich muss mal Pipi!“ Das ist für Daniela das Stichwort. Auch sie muss jetzt mal ganz dringend Pipi. Ich lasse die beiden aus dem Becken gehen und fordere sie auf, sich anschließend wieder hier bei der Gruppe einzufinden. Kurze Zeit später ist Sabine wieder bei uns im Kreis. Daniela fehlt noch. Ich frage Sabine, ob sie denn wisse wo Daniela sei. „Die ist zu ihrer Mama gegangen“, antwortet sie prompt. Da wir eh nicht mehr allzu viel machen wollen lasse ich es erst einmal auf sich beruhen.

Einige Kinder wollen am Ende der Stunde nicht wirklich aus dem Wasser und verschwinden immer wieder hinter meinem Rücken. Wir spielen also eine Extrarunde Nachlaufen. Jedes mal, wenn ich ein Kind erwische, stelle ich es auf den Beckenrand und schicke es zur Mutter. Neun – zehn – geschafft.

Die zweite Stunde ist vorüber und es scheint allen, außer Daniela, Spaß gemacht zu haben. Ich gehe zu Daniela und deren Mutter und frage warum Daniela nicht mehr ins Wasser gekommen ist. Die Mutter erklärt mir, dass es ihrem Kind fürchterlich kalt gewesen ist und die Stunde ja sowieso bald vorbei war. Deshalb hat sie Daniela zu sich gerufen, abgetrocknet und ihr ein warmes Würstchen zum Aufwärmen gekauft. „Ich muss nicht alles verstehen", sage ich in mich hinein und gehe kommentarlos fort.

Wassergewöhnung mit einem Ball

Die dritte Schwimmkursstunde beginnt mit einer Baderegel. Ich frage die Kinder, ob sie denn eine solche kennen. Wie in der Schule zeigen einige auf um auf sich aufmerksam zu machen. Andere rufen einfach dazwischen. Wir einigen uns auf die Baderegel, dass man nicht in unbekannte Gewässer springt. Ich versuche den Kindern zu verdeutlichen, dass dann Schlimmes passieren kann. Mein Eindruck ist, dass sie mich verstanden haben. Alle nicken zustimmend mit ihrem Kopf.

Aber gestern hatte ich auch das Gefühl, dass mich alle verstanden haben und die Baderegel beherzigen. Als nächstes möchte ich den Kindern die Beinbewegungen beibringen. Wir setzen uns also mit einem etwas größeren Abstand in einen Halbkreis. Alle spreizen ihre Beine und achten darauf, dass sie nicht mit den Beinen des Nachbarn anstoßen.

Da noch einige Kinder die Schuhe und Strümpfe anhaben, ziehen wir diese zunächst erst einmal aus. Das hätten wir besser bleiben lassen. Die Füße, die nun zum Vorschein kommen, sind teilweise nur schemenhaft unter einer dicken Schmutzschicht zu erahnen. So extrem ist mir das bisher noch nie aufgefallen. Ich nehme mir vor, diesen Missstand bei der Begrüßung des nächsten Schwimmkurses anzusprechen und somit hoffentlich zu vermeiden. Die Eltern der entsprechenden Kinder spreche ich sofort nach Beendigung der Beinbewegungen an.

Vor den Kindern sitzend zeige ich ihnen wie sie ihre Beine bewegen sollen. Wir beginnen mit ausgestreckten Beinen, die Knie berühren sich und an den Füßen sind nur die Fersen aneinander. Die Zehen zeigen nach außen. Fehler korrigieren wir sofort. Aus verständlichen Gründen fassen wir manche Kinder nur an den Waden an. Nun ziehen wir die Beine leicht an und lassen dabei die Fersen zusammen. Dabei gehen die Knie auseinander. Anschließend spreizen wir die Beine solange bis die Beine ganz gerade sind und schlagen sie zum Schluss fest zusammen. Jetzt haben wir wieder die Knie und Fersen zusammen. Die Beine sind gerade und die Zehen zeigen jeweils nach außen. Abgekürzt heißt es nun; Anziehen – spreizen – zusammen.“

Nachdem wir nun einige Beinbewegungen auf der Wiese geübt haben werden die Unterschenkel einiger Kinder von den Müttern gereinigt und wir gehen gemeinsam Richtung Wasser. Das Duschen ist wie immer eine reine Geduldsprobe. Im Schwimmbecken angekommen, halten sich die Kinder am Beckenrand fest und versuchen die Beine richtig zu bewegen. Vom Strampeln war zwar keine Rede, aber es geht viel einfacher. Wir nehmen die Beine der Kinder und helfen ihnen bei der richtigen Ausführung der Beinbewegungen. Nach gar nicht langer Zeit scheint dies aber nicht mehr interessant zu sein. Also lasse ich die Kinder mit Gleitübungen beginnen. Es kostet sehr viel Überzeugungskraft, die Kinder mit dem Gesicht in das Wasser zu bekommen. Nur wenige sind in der Lage, sich auf das Wasser zu legen und treiben zu lassen. Wir unterstützen sie indem wir sie unter dem Bauch und unter den Oberschenkeln festhalten. Es reicht mir ja auch schon wenn sie immer wieder nur für kurze Zeit das Gesicht ins Wasser machen. So richtig zufrieden bin ich mit dem Verlauf dieser Übung aber nicht. Ich werde die entsprechenden Eltern anschließend persönlich ansprechen und ihnen Tipps zum Üben im häuslichen Bereich geben.

Am Ende der Stunde bin ich nicht wirklich zufrieden mit meiner Leistung. Ich hatte mir mehr vorgenommen. Na ja, Kinder sind halt keine Roboter, welche mit einem Knopfdruck ein- oder ausgeschaltet werden können. Ich spreche die Eltern an und gebe folgende Übung als Hausaufgabe mit: Nehmen sie eine große Schüssel und lassen dort ca. vier bis fünf Zentimeter warmes Wasser einlaufen. Jetzt sollen sich die Kinder mit den Händen am Rand der Schüssel festhalten und die Nase auf den Schüsselboden drücken. Die Mutter steht neben dem Kind und kontrolliert die Übungsausführung. Ist die Übung erfolgreich absolviert gibt man etwas mehr Wasser in die Schüssel. Die Übung kann ohne weiteres auch in der Badewanne ausgeführt werden. Auch hier muss der Erziehungsberechtigte in unmittelbarer Nähe des Kindes bleiben. Die Übung soll so lange wiederholt werden bis das ganze Gesicht bis an die Ohren mit Wasser bedeckt ist. Ich bin überrascht wie offen diese Übung von den Eltern aufgenommen wird.

Zum Beginn der vierten Ausbildungsstunde möchte ich die Mütter und Väter beim Üben der Beinbewegungen mit dabei haben. Sie sollen auf den korrekten Bewegungsablauf aufmerksam gemacht werden und ab sofort täglich mit den Kindern zu Hause üben. Fünfzehn Minuten täglich sollten ausreichend sein. Nur durch dieses Üben können die Beinbewegungen automatisiert werden. In der Schwimmkursstunde selbst haben wir nicht ausreichend Zeit um die Beinbewegungen so lange zu üben. Die Eltern versprechen mir die Übung in den Tagesablauf zu integrieren.

Die Eltern helfen bei den Beinbewegungen mit

Ich beginne meine Ausführungen und erläutere worauf die Eltern achten sollen. „Die Fersen müssen beim Anziehen der Beine stets zusammenbleiben. Die Knie gehen beim Anziehen automatisch auseinander. Dabei sollen sie nicht über die Schulterbreite hinausgehen. Bleiben die Knie zusammen liegt die Ursache häufig in der Fußstellung. Bei geschlossenen Knien schiebt das Kind das Wasser vor sich her und es wird eine Rückwärtsbewegung eingeleitet. Die Arme, die wir später ansprechen, schieben das Wasser aber nach hinten. Der Körper weiß eigentlich gar nicht mehr wohin er soll.

Die Kinder schaukeln sich unnötig auf und produzieren hohe Wellen die das Schwimmen sehr erschweren oder gar unmöglich machen.

Nachdem wir unsere Beinbewegungen unter den elterlichen Augen geübt und Fehler sofort korrigiert haben, gehen wir zur nächsten Baderegel über. „Bei Gewitter darf man nicht in das Wasser gehen" sagt Karin ganz stolz. Ich stimme dem ohne Einschränkungen zu. Meine Überlegung, den Kindern nun die physikalischen Gesetze eines Gewitters zu erklären, lege ich schnell zur Seite. Jetzt weiß ich auch warum Dieter die Baderegel einfach nur als richtig kommentierte.

Jetzt wird es aber höchste Zeit für den Gang zum Schwimmbecken. Beate und Achim fehlen heute ohne jeglichen Grund. Zumindest ist mir keiner bekannt. Die beiden anderen Gruppen tummeln sich schon fröhlich im Wasser. Wir lassen das Duschen heute einmal bleiben und gehen am Nichtschwimmerbecken vorbei zum Einmeterbrett. Die Reaktion der Kinder ist eindeutig ablehnend. Ich erkläre ihnen, dass sie nicht vom Brett springen sollen. Ich muss es aber versprechen. Ohne dieses Versprechen komme ich jetzt nicht wirklich weiter. Gerti bekommt die Aufgabe des Aufpassers zugewiesen während ich auf das Brett gehe.

Ernst ist das erste Kind, welches sich mit zittrigen Beinen, riesigen Augen und leicht erhöhtem Pulsschlag zu mir auf das Brett traut. Ich nehme in an den Händen und gehe vorsichtig mit ihm an das Brettende. Dort fasse ich ihn mit einem Arm um den Brustkorb und erkläre ihm, dass man nicht nach unten schauen soll, wenn man vom Brett springen will. So schaut er schließlich auf den Beckenboden und nicht auf die Wasseroberfläche und der Boden ist ganz schön weit entfernt. Damit er die relativ geringe Höhe bis zum Wasserspiegel wirklich versteht, halte ich ihn nun an den Händen fest und lasse seine Füße bis in das Wasser hinunter.

Sein Gesicht ist nun auf der Höhe des Sprungbrettes. Ganz geheuer ist es ihm offensichtlich nicht bei dieser Übung. Seine kleinen Finger krallen sich in meine Hände. Ich nehme ihn wieder zurück auf das Brett und er darf jetzt hinuntergehen. Nach und nach folgen die anderen Kinder. Die ganze Prozedur nimmt mehr als die eingeplante Zeit in Anspruch. Egal – das war zur Vorbereitung des bald folgenden ersten Sprungs notwendig.

Wir gehen in Richtung Nichtschwimmerbecken zurück. Auf dem Weg dorthin kommt Karin bedrohlich nahe an den Rand des Schwimmerbeckens. Als sie ausrutscht und in das tiefe Wasser zu fallen droht, bin ich schon da und kann sie so vor dem Fall ins Becken retten. Da war er also, der 7. Sinn, den man sich nicht antrainieren oder erlernen kann. Er ist einfach da. Diese Situation hat zumindest für heute eine heilende Wirkung auf die anderen Kinder. Für den Rest der Stunde erlebe ich keinen Widerspruch mehr.

Nach dem obligatorischen Duschen bemühen wir uns um eine korrekte Beinarbeit. Es funktioniert natürlich noch nicht perfekt und die Beine sinken immer wieder nach unten. Dennoch strengen sich die Kinder an und geben ihr Bestes. Weil heute alle so toll mitgemacht haben dürfen sie mich zum Ende der Stunde unter Wasser drücken. Ich lasse mich auf die Knie nieder und erwarte eine Meute von acht Kindern die mich „tunken“ wollen. Es wird schwieriger als ich mir das ausgemalt habe. Wenn solch eine Horde Kinder an einem hängt bekommt man schon einmal etwas Schwierigkeiten. Schließlich kann ich nicht einfach hochschnellen und alle Kinder ins Wasser werfen. Dies wäre mit Sicherheit für Daniela und Michael das Ende des Schwimmkurses. Das Vertrauen, welches wir uns so langsam erarbeiten, wäre mit einem Schlag weg. Also versuche ich, ohne hektische Bewegungen, der Situation zu entkommen. Dabei entdecke ich eine hervorragende Möglichkeit, spielerisch dafür zu sorgen, dass die Kinder kurzzeitig mit dem Gesicht ins Wasser kommen.

Da aber jetzt der Körperkontakt vorhanden ist kommt esden Kindern gar nicht so schlimm vor. Ich gebe vor, keine Luft mehr zu bekommen und bitte die Kinder aufzuhören. Alle hatten sichtlich Spaß gehabt und wollen nicht wirklich aufhören. Es kostet mich einige Mühe das Ende der Stunde durchzusetzen. Die Kinder gehen murrend aus dem Wasser. Heute hat es wieder einmal richtig Spaß gemacht. Ich bin zufrieden.

Vor Beginn der fünften Ausbildungsstunde setze ich mich mit meiner Frau zusammen um den genauen Ablauf der nun folgenden Stunden zu planen. Bisher war alles Spiel und die vielen Schwimmkurse haben eine bestimmte Routine entwickeln lassen. Jetzt kommt der eigentlich schwere Part der gesamten Ausbildung. Die Kinder bekommen die Schwimmgürtel an und müssen das Gleichgewicht im Wasser halten und sich auch noch richtig bewegen. Bei zehn Kindern muss man höllisch aufpassen, dass nicht gleichzeitig mehrere Kinder untertauchen und Wasser schlucken. Dies ist nicht sonderlich förderlich für die weitere Motivation.

Auch heute fehlen Beate und Achim ohne ersichtlichen Grund. Die Übung der Beinbewegung im Trockenen fällt heute aus. Wir gehen unter die Dusche und dann ab ins Nichtschwimmerbecken. Irgendetwas habe ich aber dennoch vergessen. Ach ja, die Baderegel. Egal – die Kinder sollen ja schließlich schwimmen lernen und nicht die Baderegeln auswendig aufsagen können. Die Kinder, die nicht von Gerti oder mir bei den Schwimmbewegungen geholfen bekommen, stehen am Beckenrand und schauen zu.

Plötzlich verlässt Ernst das Schwimmbecken und verschwindet in Richtung der Eltern. Ich frage Gerti, ob sie sich zutraut einen Moment alleine mit den Kindern im Wasser zu bleiben. Nach einem kurzen, aber überzeugendem „Ja" laufe ich Ernst hinterher. Auf halber Strecke zu seinem Ziel hole ich ihn ein, nehme ihn auf den Arm und wir gehen gemeinsam zurück zum Schwimmbecken. Ernst ist offensichtlich mit dieser für ihn so schicksalhaften Wendung gar nicht einverstanden und zeigt dies auch sehr deutlich.

„Ich kann ja schon schwimmen. Ich brauche keinen Schwimmkurs. Das ist alles blöd“ argumentiert er. Wie komme ich aus dieser Situation sauber heraus, frage ich mich innerlich. „Alle Kinder hören sofort auf mit den Übungen“ rufe ich in die Runde. Dies passt dem Schwimmlehrerkollegen Emil nun überhaupt nicht. „Seine Kinder“ finden meine Anweisung super und stellen alle Aktivitäten ein. Emils Problem, denke ich und sage nun, etwas leiser, zu meinen Kindern: „Ernst hat mir gerade erzählt, dass er schon schwimmen kann und der Schwimmkurs blöd ist. Wir machen jetzt folgendes: Alle bekommen ihre Gürtel ausgezogen und versuchen eine kleine Strecke ohne Hilfsmittel zu schwimmen. Wer das schafft kann sofort aus dem Wasser gehen und braucht nicht mehr wiederzukommen.“

Ernst ist plötzlich relativ alleine. Alle anderen Kinder wollen nicht ohne Schwimmgürtel schwimmen. Also gebe ich Ernst die Chance seinen Schwimmkurs durch gute Leistungen vorzeitig zu beenden. Und tatsächlich, er legt sich auf die Wasseroberfläche, versucht die Schwimmbewegungen und beendet seine Aktivitäten mit Tauchübungen ohne eine Chance des Auftauchens zu haben. Ich nehme ihn in den Arm und erkläre allen Kindern: „Es ist gar nicht schlimm wenn ihr noch nicht schwimmen könnt. Deshalb machen wir ja diesen Schwimmkurs. In so einem Kurs ist anfangs immer alles schwer.“ Ernst beugt sich seinem Schicksal. Wir machen weiter mit Beinbewegungen.

Alle Kinder, Gerti und ich sind so intensiv mit en Übungen beschäftigt, dass wir über die Lautsprecheranlage aufgefordert werden die Schwimmstunde zu beenden. Wir sammeln schnell unsere Kinder ein und verlassen das Schwimmbecken. Ganz ohne Murren der Kinder geht es auch heute nicht ab. Anscheinend haben sie Spaß an dem was wir machen.

Noch bevor ich das Schwimmbad verlassen kann werde ich zum Telefon gerufen. Die Mutter von Achim teilt mir mit, dass ihr Sohn und auch Beate nicht mehr zum Schwimmunterricht kommen. Die Eltern führen täglich einen riesigen Kampf, der regelmäßig mit Tränen bei den Kindern endet. Diese Information macht mich recht traurig und ich antworte, ohne groß vorher zu überlegen: „Kommen sie doch bitte am Montag noch einmal mit den Kindern ins Schwimmbad. Erklären sie ihren Kindern, dass sie nicht ins Wasser gehen müssen und ich mich nur noch einmal mit ihnen unterhalten möchte". Achims Mutter verspricht alles nur Mögliche zu tun, mehr aber auch nicht.

Jetzt stehen erst einmal zwei Tage ohne Schwimmkurs an. Es ist Wochenende.

Es ist Sonntagnachmittag. Ich stehe, wie sollte es auch anders sein, bei herrlichem Sonnenschein am Schwimmbecken und passe auf. Im Nichtschwimmerbecken sehe ich Beate und Achim. Sie planschen und spritzen sich gegenseitig nass. Ich gehe auf die beiden zu und bitte sie einmal kurz zu mir zu kommen. So richtig wollen die beiden aber nicht. Erst als ich ihnen versichere, dass ich sie nur etwas fragen und ihnen einen Vorschlag machen möchte, kommen die beiden Hand in Hand an den Beckenrand. Meine Frage, warum sie denn nicht mehr zum Schwimmkurs kommen, beantworten sie mit einem unschuldigen Blick. „Ich bin richtig traurig, weil ihr nicht mehr da seid", flunkere ich. „Vielleicht können wir ja folgendes machen: Ihr beide kommt wieder zum Schwimmkurs und wenn ihr keine Lust mehr zum schwimmen habt, sagt ihr mir das. Dann könnt ihr auch sofort aus dem Wasser gehen. Ich verspreche euch, euch nicht gegen euren Willen im Wasser zu behalten." Die beiden schauen sich fragend an. Also lasse ich die beiden mit den Worten „ihr könnt es euch ja noch einmal überlegen" alleine. Anschließend gehe ich wieder „meiner Arbeit" nach. Die Zeit vergeht heute wie im Flug.

Die ersten Badegäste verlassen schon das Schwimmbad und auch ich bereite mich langsam auf den Feierabend vor. Es sind nur noch wenige Gäste im Wasser und so kann die Aufsicht vom Eingangsbereich aus gemacht werden. „Woher nehmen sie eigentlich die Geduld mit den Kindern?“ höre ich eine Frauenstimme. Neben mir steht die Mutter von Beate. Wie aus der Pistole geschossen kommt meine Antwort: „Aus der Gewissheit, die Kinder nach 45 Minuten wieder abgeben zu können. Wie kommen sie darauf?“ „Beate und auch Achim wollen morgen wieder zur Schwimmstunde kommen. Ich bin ganz baff.“ Ich erkläre ihr, welches Versprechen ich den Kindern gegeben habe und mich auf die beiden wirklich freue. Mal schauen, ob es denn wirklich funktioniert.

Zu Beginn der sechsten Schwimmstunde sammele ich „meine Kinder“ alle auf der Wiese ein. Auch Beate und Achim kommen ohne Diskussion mit und setzen sich mit in den Kreis. Die obligatorische Baderegel lautet heute: Gehe niemals mit vollem, aber auch nicht mit leerem Magen ins Wasser. „Warum?“ höre ich Stefan fragen. Gute Frage – nächste Frage. Wie soll ich das denn nun kindgerecht beantworten? „Wenn man den Bauch so richtig voll gegessen hat, wird man sehr gerne ganz faul. Man wird müde und möchte am liebsten schlafen. Das geht im Wasser aber nicht wirklich. Dort kann man nicht schlafen ohne unterzugehen.“ „Wenn man auf einer Luftmatratze liegt kann man auch schlafen ohne unterzugehen“, sagt Ernst schlagfertig. Dem möchte ich jetzt nichts entgegensetzen. „Wir wollen aber ohne Luftmatratze schwimmen“, antworte ich dann doch noch. Warum wir nicht mit leerem Magen ins Wasser gehen sollen wollen die Kinder nicht mehr wissen. „Wann gehen wir endlich ins Wasser?“ rufen einige ungeduldig dazwischen. „Zuerst müssen wir die Beinbewegungen üben“, mahne ich. Dem Argument, die Beinbewegungen auch im Wasser üben zu können, beuge ich mich. Also geht es ab in Richtung Dusche.

Alle Kinder duschen ohne wenn und aber. Achim und Beate wollen nun aber von meinem Angebot Gebrauch machen. Sie erklären mir, jetzt zur Mama gehen zu wollen. Mein Angebot lautete aber: „Wenn ihr keine Lust mehr zum Schwimmen habt …. ." Dazu muss man aber erst einmal geschwommen haben. Während ich den beiden Kindern das so erkläre, nehme ich sie an den Händen und stelle sie vor mir auf den Beckenboden. Die beiden haben bei den Beinbewegungen Nachholbedarf. Deshalb nimmt sich Gerti ihrer an und übt mit ihnen am Beckenrand während ich mit den anderen Kindern die ersten Meter schwimmen übe. Die Armbewegungen sind noch ein wenig ungelenk. Beim Erlernen dieser, stellen sich aber lange nicht so viele Probleme wie bei den Beinbewegungen ein.

Karin, Max und Sabine schwimmen schon recht ordentlich. Bei den anderen Kindern scheint das Gleichgewichtsproblem zu überwiegen. Sobald sich der Körper im Wasser beginnt zu drehen, stellen sie die Schwimmbewegungen ein. Eines haben aber alle heute gemeinsam. Sie sind mit Leidenschaft bei der Sache. Achim und Beate scheinen auch Spaß zu haben. Gerti redet sehr viel mit den beiden Kindern. Zehn Minuten vor Ende der Schwimmstunde kommen beide zu mir und wollen von meinem Angebot Gebrauch machen. Ich denke an mein Versprechen und schicke beide aus dem Becken.

Mit den restlichen Kindern bilden wir eine lange Reihe außerhalb des Beckens. Wir halten uns an den Händen und stehen nebeneinander. Auf das Kommando „Los" laufen alle auf den Beckenrand zu und springen in das Wasser. Als ich mich umdrehe sehe ich Karin noch am Beckenrand stehen. Sie hatte die Hände ihrer Nachbarkinder losgelassen und wollte nicht mit springen. Ich muss lachen als ich sie so alleine und unsicher dort stehen sehe. Meiner Aufforderung, in meine Arme zu springen, kommt sie dann aber ohne Diskussion nach. Wir gehen gemeinsam aus dem Wasser und verabschieden uns – „Bis morgen!"

Es wird höchste Zeit für das Schwimmerbecken. Es bleiben uns noch insgesamt neun Schwimmstunden und dann sollen die Kinder schließlich fünfundzwanzig Meter ohne Hilfsmittel schwimmen. Wir gehen mit „unseren Kindern“ zu Beginn der siebten Stunde zum Einmeterbrett. Dieses Mal verspreche ich nichts. Die Kinder spüren den Ernst der Situation und versuchen möglicht weit weg vom Sprungbrett zu bleiben. Sabine, Ernst und Antonia sind die ersten Kinder die sich auf das Brett trauen. Vorne bleiben sie stehen und werden von Gerti an den Händen festgehalten. Ich befinde mich im Wasser und versuche die Kinder von dort zum Springen zu überreden. Sabine schaut erst einmal nach unten und geht gleich ein Schritt zurück. „Nicht nach unten schauen“ rufe ich aus dem Wasser nach oben. „Schaue einfach zur Umkleidekabine dort oben auf der Wiese“ rufe ich und zeige mit meiner Hand zur Umkleidekabine. Ein zweiter Versuch wird unternommen. Mit weit auseinander gespreizten Beinen und Armen springt sie mir fast auf den Kopf. Sofort greife ich sie am Arm und schiebe sie an den Beckenrand.

Der erste Sprung

Das erste Eintauchen

Und der Sprung ist vollbracht

Wer nicht alleine springen möchte, springt mit mir!

Auch bei Ernst und Antonia gelingt der erste Sprung ohne größere Probleme. Nach und nach folgen die anderen Kinder. Achim und Beate wollen wieder einmal mein Versprechen einlösen und möchten jetzt zur Mama. Da sie noch gar nicht im Wasser waren, erlaube ich ihnen heute nicht zu springen. Ich hole sie am Beckenrand ins Wasser und fordere sie auf, sich am Beckenrand festzuhalten.

Nachdem sich alle Kinder nun wie an einer Perlenkette aufgereiht am Beckenrand festhalten wechseln wir unseren Standort und krabbeln mit den Händen am Beckenrand in die Ecke unter dem Startblock. Hier sollen die Kinder nun über Eck schwimmen. Das heißt: Sie haben ihr Ziel kurz vor den Augen und ich bin immer in der Lage, meine Hand unter den Bauch zu halten. Dies führt nun zu folgender Situation: Sobald meine Hand den Bauch des Kindes berührt hält sich das Kind mit den Händen an meinem Arm fest. Dies möchte ich aber nicht, kann es aber nicht wirksam verhindern.

Wir wechseln nun mit allen Kindern in das Nichtschwimmerbecken. Dort sollen alle Kinder nacheinander vom Beckenrand bis zu mir oder Gerti schwimmen. Wir stellen uns etwa zwei Meter weit weg. So können wir im Notfall schnell eingreifen. Bei einigen Kindern klappt dies schon recht gut. Andere benötigen noch etwas Hilfestellung. Aber das ist auch ganz in Ordnung. Bei Beate und Achim bemerkt man den Trainingsrückstand. Und dennoch bin ich guter Dinge und zufrieden mit den von beiden gezeigten Leistungen. Wir beenden die Stunde früher als sonst. Die Kinder sollen sich abtrocknen gehen und danach noch einmal alle zu mir kommen.

Ich gebe jedem Kind ein Eis aus weil sie heute ganz toll gesprungen und geschwommen sind. Die Kinder gehen nach so viel Lob zu ihren Eltern und vermitteln den Eindruck mindestens um fünf Zentimeter gewachsen zu sein. Auch ich gehe nach Hause und bin stolz.

Der nächste Tag fängt äußerst schlecht an. Ich verschlafe ordentlich und muss mich bei meinem Chef für das Zuspätkommen rechtfertigen. Den ganzen Tag über geht einfach alles schief. Das ist offensichtlich einer dieser Tage, an denen man besser nicht aufgestanden wäre. Ich komme viel zu spät von der Arbeit fort. Der pünktliche Beginn der Schwimmstunde ist stark gefährdet. Also fahre ich, unter Missachtung aller Verkehrsregeln, so schnell ich kann ins Schwimmbad. Der Parkplatz ist natürlich brechend voll und ich muss weit weg vom Schwimmbad parken. Im Laufschritt erreiche ich den Eingangsbereich und sehe in die wartenden Augen der Eltern und Kinder. Geschafft.

Wir setzen uns kurz zusammen. Die Anwesenheit brauchen wir nicht festzustellen. Mittlerweile kennen wir „unsere Kinder" so gut um sofort zu wissen ob jemand fehlt. Heute sind alle Kinder da. Auch sie scheinen keinen guten Tag gehabt zu haben denn sie reden wild durcheinander, sind unaufmerksam und machen was sie wollen. Ich bin genervt und werde etwas lauter. Sofort merken die Kinder, dass ich schlechte Laune habe. Wir gehen in das Wasser aber die Kinder schwimmen nicht so wie ich es wünsche. Gerti kümmert sich rührend um die leicht irritierten Kinder. Ich belehre sie für alle Kinder da zu sein und nicht nur für Daniela und Karin. Keine Reaktion. Irgendwann ist die Stunde dann zu Ende und wir gehen alle nach Hause. Dort muss ich mir dann einen Monolog von Gerti anhören. „Die Kinder können nichts dafür wenn du einen schlechten Tag hattest. Wenn Du mit meiner Arbeit nicht zufrieden bist, dann mache Deinen Schwimmkurs alleine." Diese Sätze klingen mir noch heute in den Ohren. Ich wusste. Sie hatte mit jedem Wort Recht. Nur zugeben wollte ich das nicht. So ging der Tag zu Ende wie er begonnen hatte – unbefriedigend.

Die nächste Schwimmstunde beginnt nicht auf der Wiese. Wir treffen uns heute unter der Überdachung bei den Umkleidekabinen. Es ist kalt und zu allem Überfluss regnet es auch noch. Eigentlich hätte dieses Wetter gestern ganz gut zu meiner miesen Laune gepasst. Heute aber habe ich ein schlechtes Gewissen, meiner Frau und den Kindern gegenüber. Die Mutter von Stefan fragt mich ob wir wirklich bei diesem Wetter ins Wasser gehen wollen. Ein Blick zum Schwimmbecken. Keine Menschenseele hält sich dort auf. Auch die Kinder von Emils Schwimmkurs sind noch nicht in Schwimmsachen umgezogen. Dieter hat sich mit „seinen Kindern" in den DLRG-Raum zurückgezogen. Ich erinnere an meine Worte zu

Beginn des Schwimmkurses. „Wir gehen bei jedem Wetter ins Wasser. Nur wenn es Pflastersteine regnet, fällt der Schwimmkurs aus. Da es keine Pflastersteine regnet, gehen wir auch heute ins Wasser." Ich verspreche jedoch, die Kinder, sobald sie anfangen zu frieren, zu den Eltern zu schicken.

Das Wasser ist herrlich warm. Damit die Kinder nun nicht so sehr aus dem Wasser herausragen gehen wir an den Rand des Schwimmerbeckens. Die Kinder sollen heute alleine im Schwimmerbecken schwimmen. Dazu schwimme ich ungefähr zwei bis drei Meter von ihnen weg und erwate sie im Schwimmerbecken mit ausgebreiteten Armen. Es kostet uns heute enorme Überzeugungskraft damit auch wirklich alle losschwimmen. Ernst ist kaum noch zu bremsen. Er schwimmt als Erster. Sein Ehrgeiz lässt ihn an mir vorbeischwimmen und ich lasse ihn gewähren während ich neben ihm herschwimme. Ständig rede ich mit ihm, korrigiere seine Beinarbeit und versuche ihn zu motivieren. Nach zehn Metern ist seine Kraft zu Ende. Stolz hält er sich auf meinem Rücken an meinem Hals fest und wird zu den anderen Kindern zurückgebracht.

Auch Sabine schwimmt weiter als die vorgesehenen drei Meter. Wir starten ganz spontan einen Wettstreit. Die Kinder sollen so gut wie möglich am Beckenrand entlang schwimmen. Gerti passt in der Zwischenzeit auf die wartenden Kinder auf. Ich stelle mich an den Beckenrand und halte die Rettungsstange zur Sicherheit vor jedes schwimmende Kind. Mit meiner nassen Badehose und dem freien Oberkörper fange ich bei diesen Witterungsverhältnissen ganz schnell an zu frieren. Die Kinder scheinen das schlechte Wetter vollkommen verdrängt zu haben. Sie wollen jetzt zeigen wie toll sie schwimmen können. Viel lieber ginge ich jetzt zurück in das warme Wasser. Aber das Leben eines Schwimmlehrers ist nicht immer leicht

Ernst gewinnt den „Wettstreit“ mit erneuten zehn Metern Schwimmleistung. Antonia und Max haben das Fahrradfahren neu entdeckt und strampeln mit den Beinen wie zu Beginn des Kurses. Hier ist noch einiges an Arbeit zu leisten. Als ich die Kinder rausschicken möchte ernte ich erheblichen Widerspruch. Ich setze mich jedoch durch und hebe die Kinder auf den Beckenrand. Sofort fangen auch sie an zu zittern. Wir haben keine Handtücher mitgenommen denn der Regen hätte sie alle durchnässt. So müssen wir nass und frierend zu den Umkleidekabinen gehen.

Die Eltern sitzen mit warmen Jacken und Decken um die Hüften wartend unter der Überdachung. Als die Kinder ankommen setzt hektisches Treiben ein. Ich bin zufrieden mit mir und der Leistung der Kinder. Auch mit meiner Gerti bin ich zufrieden. Was würde ich nur ohne sie machen. Der gestrige Tag war ein Ausrutscher und darf nie wieder so vorkommen. Die Kinder dürfen nicht unter meiner schlechten Laune leiden. Sie können ja schließlich nichts dafür. Das werde ich nie wieder zulassen.

Die zehnte Schwimmkursstunde beginnt mit der Aufteilung der Kinder in zwei Gruppen. Die Kinder der ersten Gruppe dürfen mit mir in das Schwimmerbecken gehen. Die Kinder der zweiten Gruppe gehen mit Gerti in das Nichtschwimmerbecken und versuchen an Sicherheit zu gewinnen. Daniela, Sabine, Ernst, Karin, Stefan und Michael gehen mit mir. Max, Beate, Antonia und Achim müssen üben, üben und nochmals üben. Meine Gruppe geht erst einmal zum Startblock Nr. 1. Dort springen wir hinunter und fangen gleich nach dem Auftauchen mit dem Schwimmen an.

Wieder wird alles als kleiner Wettstreit stattfinden. Michael will nur schwimmen. Das Springen findet er blöd. Als er jedoch die anderen Kinder springen sieht möchte er nicht zurückstehen. Die Kinder schaffen heute erstmals ihre fünfundzwanzig Meter. Ich bin stolz. Nun müssen wir nur noch die Anzahl der Styroporteile auf Null reduzieren. Damit wir keine unnötige Zeit verlieren fangen wir gleich heute damit an. Die Gürtel werden so hergerichtet, dass sich nur noch zwei Styroporteile daran befinden. Und siehe da – es funktioniert auch. Zwar wird etwas mehr Wasser geschluckt, aber die Kinder halten sich wacker. Die Kraft lässt jetzt doch stark nach. Sie haben aber auch schon viel in der heutigen Schwimmstunde geleistet.

Was Gerti mit „ihren vier Kindern“ so gemacht hat, während ich im Schwimmerbecken war, weiß ich nicht wirklich. Aber sie hat eine Superleistung vollbracht. Max, Beate und Antonia wollen nicht eher aus dem Becken bis ich ihre Schwimmkünste im tiefen Becken bewundert habe. Eigentlich ist die Stunde ja vorbei.

Aber ich möchte die Wünsche der Kinder nicht ablehnen. Also gehe ich mit ihnen in das Schwimmerbecken. Einer nach dem anderen schwimmt los und legt mindestens fünf Meter zurück. Wir beschließen, auch sie dürfen nächste Woche mit nur noch zwei Styroporteilen schwimmen.

Achim interessiert das nicht wirklich. Er ist schon unterwegs zu seiner Mutter. Die hat sicherlich wieder ein Siedewürstchen für ihn bestellt.

Nach einem verregneten Wochenende scheint pünktlich zum Schwimmkurs wieder die Sonne. Die letzte Woche bricht an. Sollte bei meinem ersten Schwimmkurs kein Kind das Frühschwimmerabzeichen erhalten? Natürlich haben auch in den vergangenen Kursen nicht immer alle Kinder das Ziel erreicht. Aber was ist das Ziel? Das Frühschwimmerabzeichen? Das „Durchschleusen" möglichst vieler Kinder während der Freibadsaison? Nein. Das Ziel muss lauten: Jedes teilnehmende Kind kann am Ende des Schwimmkurses schwimmen. Egal wie lange es dauert. Für mich steht ab sofort fest: Das Ziel lautet einhundert Prozent! Um dies zu erreichen liegt noch viel harte Arbeit vor uns. Es gibt noch viel zu tun – packen wir es an. Wir besprechen mit den Kindern eine neue Baderegel. „Schwimme nie im Bereich von Sprungbrettern."

Diese Baderegel lässt sich nicht ganz einfach in unserem Schwimmbecken umsetzen. Auf der Seite ohne Sprungbrett findet immer das DLRG-Training statt. Die fünfundzwanzig Meter in der Mitte des Beckens zu schwimmen, ist mir zu gefährlich da ich nicht direkt eingreifen kann. Also bleibt nur die Bahn, die unter dem Sprungbrett entlangläuft. Ich werde es einfach sperren bis wir fertig sind.

Wir gehen geschlossen unter die Dusche. Es macht den Kindern mittlerweile richtig Spaß unter dem kalten Wasser zu „pfuschen". Arme, Beine und Po werden mehr oder weniger in das kalte Wasser gehalten. Nur Max stellt sich komplett unter den Wasserstrahl und will gar nicht mehr fort. Ich muss ihn regelrecht unter der Dusche vorziehen damit die anderen Kinder auch duschen können.

Wir gehen zum Sprungbrett und wollen nach dem Sprung alleine bis zum Beckenrand schwimmen. Das sind etwa zwei Meter. Die anfänglichen Ängste bei den Kindern sind verschwunden. Alle Kinder springen und schwimmen, mal mit und mal ohne Hilfe, zum Beckenrand.

Jetzt wird es ernst. Wir gehen an das rote Seil. Alle Kinder halten sich dort fest. Ich ziehe Max den Schwimmgürtel aus und fordere ihn auf, so weit wie möglich zu schwimmen. Ich muss ihm versprechen, ihn unter dem Bauch festzuhalten. Also schwimmen wir beide los. Gerti passt in der Zwischenzeit auf die anderen Kinder auf. Immer wieder lasse ich den Bauch von Max für eine kurze Zeit los. Eigentlich halte ich ihn gar nicht richtig fest. Er soll das Gefühl der Sicherheit haben. So legen wir beide die dreißig Meter bis zum entgegenliegenden Beckenrand zurück. Ich hebe Max aus dem Wasser und bitte ihn, am Beckenrand zurück zu den anderen Kindern zu gehen. Dort bekommt er von Gerti seinen Schwimmgürtel angezogen und hält sich am Seil fest.

Zwischenzeitlich schwimme ich schon mit Daniela los. Nach und nach schwimmen so alle Kinder die Strecke ohne Schwimmgürtel, nur mit meiner Hand am Bauch. Alle sind riesig stolz. Ich fühle bei den Kindern den rasenden Herzschlag. Was für eine Leistung vollbringen sie gerade?! Es muss sie eine ganze Menge an Überwindung kosten um sich so in das Wasser zu legen und los zu schwimmen. Es ist schon enorm, welches Vertrauen sie zu Gerti, mir und dem Wasser aufgebaut haben. Den Rest der Stunde bleiben wir im Nichtschwimmerbecken und lassen die Kinder ohne Schwimmhilfe schwimmen. Hier, wo man sich hinstellen kann, gibt es auch keinerlei Diskussionen. Es macht richtig Spaß und eigentlich will keiner so richtig aus dem Wasser gehen.

Zum Abschluss spielen wir noch „Wasser-Taxi". Ich lege mich auf den Boden des Nichtschwimmerbeckens und die Kinder können sich bei mir auf den Rücken stellen. Robbend bringe ich sie dann an den Beckenrand, wo sie ihre Schwimmstunde dann beenden.

Manche fallen unterwegs vom Rücken herunter und gehen sofort unter. Aber kein Kind fängt an zu weinen. Sie können ja stehen.

Nachdem auch ich das Wasser verlassen habe suche ich das Gespräch mit den Eltern. „Haben sie gesehen, wie ihr Kind alleine im Schwimmerbecken geschwommen ist?“ Die Eltern sind begeistert von der Leistung ihrer Kinder. Bei Danielas und Michaels Mutter bitte ich noch einmal um das konsequente Üben der Beinbewegungen. Bei den beiden Kindern habe ich manchmal das Gefühl, dass sie vor Beginn der Schwimmstunde eine Schlaftablette einnehmen. Das ist nicht wirklich ernst von mir gemeint und wird von den Müttern auch richtig verstanden. Gut gelaunt und voller Mut für die vor uns liegenden Aufgaben gehen wir nach Hause.

Zum Beginn der elften Schwimmstunde sparen wir uns jegliches Vorgeplänkel und gehen mit den Kindern gleich zum Schwimmerbecken. Alle Kinder stehen am Beckenrand. Jetzt gilt es die Ausdauer für die fünfundzwanzig Meter zu bekommen. Die größten Chancen sehe ich bei Sabine und Ernst.

Daher sind sie heute auch die ersten Schwimmer. Ernst wird unter die Dusche geschickt und alle Kinder sollen ihn, sobald er mit dem Schwimmen anfängt, anfeuern. Ernst ist stolz und zeigt dies auch. Ganz langsam geht er zur Dusche, lässt das Wasser länger als sonst über den Körper rauschen und springt anschließend in das Schwimmerbecken. Ich ziehe ihn zu mir herüber und gebe ihm das Startzeichen. Viel zu schnell beginnt er mit den Schwimmbewegungen. Die anderen Kinder schreien sich die Kehle aus dem Hals. „Ernst, Ernst, Ernst!“ schallt es durch das Schwimmbad. Die Köpfe der im Wasser befindlichen Badegäste drehen sich alle in unsere Richtung. In den Gesichtern kann man die Frage „Was ist denn da los?“ ablesen. Sie sind also auf uns aufmerksam geworden. Die Kinder strengen sich so sehr an und ich finde, das ist auch eine Anerkennung derer wert, die bereits schwimmen können.

Ernst ist mittlerweile schon acht Meter geschwommen. Die Arm- und Beinbewegungen werden sichtlich langsamer. Bei fünfzehn Metern ist dann Schluss. Er kann nicht mehr. Mit der Rettungsstange ziehe ich ihn an den Beckenrand und sage ihm wie stolz ich auf ihn bin.

Sabine ist die Nächste. Im Gegensatz zu Ernst läuft sie zur Dusche, „pfuscht" dort außerordentlich viel und kommt zum Schwimmbecken zurück. Ich kann gar nicht erkennen ob an ihrem Körper Duschwasser angekommen ist. Also schicke ich sie noch einmal zum Duschen. Murrend kommt sie der Aufforderung nach. Als sie losschwimmt, wird sie von den anderen Kindern angefeuert. Ihre Schwimmbewegungen sind ruhig und gleichmäßig. Ich rede ständig auf sie ein. „Schaue nur nach vorne. Schlage die Beine feste zusammen. Lasse Deinen Kopf über Wasser. Nicht zur Seite schauen". Nach zehn Metern ist Schluss. Sie kann nicht mehr.

Der nächste Schwimmschüler ist Stefan. Er schwimmt los und man kann seine Anstrengung im Gesicht erkennen. Die Lippen sind zu einem schmalen Strich zusammengepresst. Die Augen sind so groß, dass ich eigentlich nur noch die Pupille sehen kann. Er scheint meine Anweisungen nicht zu hören. Das nenne ich Konzentration pur. Plötzlich stoße ich mit meinem Rücken an die aus dem Wasser herausragende Treppe. Hallo! Wir sind bei zwanzig Metern angekommen. Stefan macht aber keine Anstalten aufzuhören. Er schwimmt unter den Sprungbrettern weiter bis zum Beckenrand. Jetzt ist er am Ende mit seiner Kraft. Ich muss ihn aus dem Becken ziehen. Alleine kommt er mit seinen kleinen Beinchen nicht mehr hoch und die Arme sind absolut kraftlos. Ich hebe ihn über meinen Kopf und drücke ihn anschließend feste an mich. Er darf sofort zu seiner Mama laufen und ihr von seiner Leistung berichten. Ich hätte vielen das Frühschwimmerabzeichen zugetraut; Stefan aber eigentlich weniger. Er war während des gesamten Schwimmkurses eher unauffällig. Umso mehr freue ich mich für ihn.

Nun ist Max an der Reihe. Sein Schwimmstil ist schon gewöhnungsbedürftig. Immer wieder fangen seine Beine mit Strampelbewegungen an. Belehre ich ihn, funktioniert die Beinbewegung auch zwei- bis dreimal. Dann geht das Strampeln weiter. So legt er Meter für Meter zurück. Ich freue mich schon über die zweite erfolgreiche Prüfung für heute als Max nach dreiundzwanzig Metern aufgibt. Eigentlich weiß ich nicht, wer mehr enttäuscht ist, Max oder ich. Es fehlen nur zwei Meter zur erfolgreichen Prüfung. Aber zwei Meter sind zwei Meter. Ich tröste ihn so gut wie das nur möglich ist. Auch er darf zur Mama zurück.

Alle Kinder schwimmen heute mindestens acht Meter und das Erreichen des Schwimmkurszieles ist in greifbare Nähe gerückt. Stefan bekommt von mir unter den stolzen Augen der Mutter sein Frühschwimmerabzeichen und die dazugehörige Urkunde ausgehändigt. Damit ist der Schwimmkurs für ihn beendet. Er kann sofort in einer DLRG-Gruppe am weiterführenden Training teilnehmen. Bei Max fließen heute Abend noch einige Tränen. Er ist untröstlich.

Er ärgert sich wohl weniger über das Nichterreichen der geforderten Leistung. Vielmehr ärgert er sich über Stefan, der das Ziel vor ihm erreicht hat. Er wollte unbedingt der Erste sein. Morgen unternehmen wir einen neuen Versuch.

Nur noch drei Schwimmstunden und erst ein Erfolgserlebnis. Wie war das doch noch mit der Erfolgsquote. Ich mache mir ernsthafte Gedanken über meine Fähigkeiten als verantwortlicher Schwimmlehrer. Habe ich nicht genügend Anweisungen gegeben? Sind meine Erklärungen zu schwer für die Kinder? Hätte ich mehr unterstützen sollen oder den Kindern mehr zutrauen sollen? Sind wir zu spät ins Schwimmerbecken gegangen? Alle diese Überlegungen helfen mir jetzt nicht wirklich weiter. Es ist so wie es ist!

Max ist heute nicht zur 13. Schwimmstunde erschienen. Anscheinend war gestern die Enttäuschung zu groß. Also gehen wir mit acht Kindern ins Wasser. Jetzt gilt nur noch eins: Schwimmen, schwimmen und nochmals schwimmen.

Die Hand unter dem Bauch der Kinder kann ich immer häufiger weglassen. Die Kinder sind heute sehr ehrgeizig und strengen sich mächtig an. Auch sie wissen: Es gibt nicht mehr sehr viele Möglichkeiten das Seepferdchen zu erwerben.

Daniela und Karin schwimmen heute zehn Meter. Sabine und Ernst fünfzehn Meter. Antonia schwimmt acht Meter und Achim schwimmt, wie Michael zwölf Meter, Beate bildet heute die Ausnahme. Sie fängt mit den Schwimmbewegungen an und dreht sich sofort zum Beckenrand. Mit viel Wohlwollen bringt sie es heute auf einen ganzen Meter. „Habe ich jetzt das Seepferdchen?" fragt mich Beate mit großen Augen. Leider kann ich ihre Frage nur verneinen. Sie möchte das Abzeichen aber auf jeden Fall morgen machen, versichert sie mir während sie anfängt wie Espenlaub zu zittern.

Die vorletzte Schwimmstunde beginnt mit allen verbliebenen neun Kindern. Auch Max ist wieder bei uns. Er hat gestern Geburtstag gehabt und hatte sich einige Kinder nach Hause zum Feiern eingeladen. Deswegen konnte er auch nicht zur Schwimmstunde erscheinen. Gerti und ich gratulieren nachträglich zu seinem siebten Geburtstag und singen ihm mit den anderen Kindern ein Geburtstagsständchen. Um alle Kinder für heute so richtig zu motivieren, verspreche ich ihnen, dass jedes Kind, das die fünfundzwanzig Meter schwimmt, ein Siedewürstchen mit Ketchup zur Belohnung erhält. Achim meldet sich und wünscht lieber Senf. „Auch das wird von mir bezahlt" antworte ich lachend.

Also gehen wir ohne viele Worte zum Schwimmerbecken. Heute ist es dort richtig voll. Auch die anderen Schwimmkurse gehen morgen zu Ende und die Kinder versuchen noch ihr Frühschwimmerabzeichen zu bekommen. Bei Dieter sind noch vier und bei Emil nur noch zwei Kinder dabei. Also habe ich den kleinsten Erfolg zu verzeichnen. Das ärgert mich enorm. Mein Selbstbewusstsein ist angekratzt. Ich kann aber heute nichts mehr daran ändern. Schließlich kann ich die Kinder nicht über die Strecke tragen. Sie müssen schon alleine schwimmen.

Nach und nach schwimmen „meine Kinder“ so weit ihre Kräfte es zulassen. Am Ende der Stunde bin ich dann fünf Siedewürstchen los. Ernst, Max, Sabine und Michael bekommen Ketchup und Achim erhält Senf auf sein Würstchen. Während die Kinder die Würstchen essen stelle ich die Ausweise aus und halte die Abzeichen zur feierlichen Übergabe bereit. Die Kinder weichen keinen Schritt von meiner Seite. Das Ketchup tropft auf die Badehose oder auf den Boden. Die Gesichter sind um den Mund herum rot eingefärbt. Die Augen verfolgen jeden meiner Handgriffe. Ernst greift mit seien Ketchupfingern nach dem Abzeichen. Ihm kann es nicht schnell genug gehen. Aber erst als alle aufgegessen haben verteile ich die begehrten Abzeichen an die stolzen Kinder.

Einige Mütter bedanken sich herzlich bei Gerti und mir für die Mühe und Geduld mit ihren Kindern. Mir fällt das Lied von den „zehn kleinen Negerlein“ ein. Am Anfang des Kurses vor drei Wochen waren wir mit zehn Kindern gestartet. Nach und nach verlassen uns nun die Kinder. Jetzt haben wir noch vier Kinder und nur noch einen Schwimmkurstag. Vielleicht erreichen ja morgen noch einige Kinder das erklärte Ziel. Das wäre gut für die Kinder und für meine persönliche Statistik. Sechzig Prozent sind nun mal nicht wirklich berauschend.

Der letzte Tag dieses Schwimmkurses beginnt mit Regen und Wind. Wenn das heute Abend auch so ist, schwinden die Erfolgschancen für die Kinder gänzlich. Am Wetter können wir aber nichts ändern. Im Schwimmbad angekommen, setzt der Regen noch einen drauf. Es regnet nicht mehr. Es schüttet wie aus Eimern vom Himmel herunter. Karin und Daniela sind erst gar nicht erschienen. Beate und Antonia haben auch keine richtige Lust bei dem Wetter ins Wasser zu gehen. Auch Gerti zieht sich erst gar nicht um. Dennoch versuche ich die beiden Kinder zu überreden.

Nach ungefähr fünfzehn Minuten geben sie meinem Drängeln nach und ziehen sich um. Ich verspreche ihnen nur ein Training für das Frühschwimmerabzeichen durchzuführen. Nur so wissen wir, wie viel noch am Erreichen des Zieles fehlt.

Beate bleibt noch bei der Mutter und ich gehe mit Antonia zum Schwimmbecken. Das Duschen können wir uns sparen. Bis wir am Beckenrand angekommen sind, sind wir klatschnass. Antonia schwimmt zügig los. Nach acht Metern will sie aufhören. Ich kann sie jedoch zum Weiterschwimmen überreden. Sie schwimmt immer weiter zur Beckenmitte hin. Alle mein reden, weiter nach rechts zu schwimmen wird ignoriert. Nach zwanzig Metern ruft sie mir mit Tränen in den Augen zu: „Ich kann nicht mehr. Rolf! Ich kann nicht mehr!" Ich erlaube ihr jetzt aufzuhören und bitte sie zum Beckenrand zu schwimmen. Als ob diese Strecke nun kürzer wäre, schwimmt sie ohne wenn und aber zu mir an den Rand. Das waren nun auch fünfundzwanzig Meter. Nirgendwo steht geschrieben, die fünfundzwanzig Meter müssen geradeaus geschwommen werden.

Ich hole Antonia aus dem Wasser und wir schauen zu der wartenden Mutter. Der Regen lässt uns nur erahnen wo sie sitzt. Es ist schon ein fast ein Unwetter dem wir uns heute aussetzen. Antonias Kräfte sind aufgezehrt. Ich nehme sie auf den Arm und gehe mit ihr zurück zu ihrer Mutter. Während sie von der Mutter abgetrocknet wird stelle ich den Ausweis aus und übergebe ihn Antonia mit dem Abzeichen. Beate schaut skeptisch. Eigentlich will sie ja auch das Abzeichen haben. Aber bei diesem Wetter macht es keinen Spaß.

Der Ehrgeiz gewinnt ihren inneren Kampf. Wir gehen gemeinsam zum Schwimmerbecken. Noch bevor wir den ersten Fuß in das Wasser setzen hört es schlagartig mit dem Regen auf. Die Wolken reißen auf und es scheint sogar ein wenig die Sonne hindurch. Na, wenn das kein gutes Ohmen ist. Wir gehen beide ins Wasser. Ich schwimme vor Beate auf dem Rücken. Sie soll einfach nur hinterher schwimmen. Immer wieder kommt sie mit den Händen aus dem Wasser heraus. Ich frage sie, ob sie fliegen will. Darüber muss sie erst einmal lachen und vergisst darüber die Schwimmbewegungen. Wir müssen noch einmal von vorne anfangen. „Wenn Du die Hände im Wasser lässt schaffst du die fünfundzwanzig Meter auch", erkläre ich ihr. „Wenn du fliegen willst müssen wir aus dem Wasser raus und auf die Wiese gehen".

Der zweite Versuch beginnt. Alles wird richtig gemacht. Nach gut zehn Metern will Beate nicht mehr weiter schwimmen. Ich bin mit ihrer Entscheidung einverstanden und fordere sie auf, wenigstens wieder zurück zu schwimmen. Also schwimmen wir einen kleinen Kreis und dann zurück zum Ausgangspunkt. So haben wir auch die erforderliche Strecke zurückgelegt. Ich sage ihr aber noch nichts und lasse sie im Unklaren. Auch der Mutter sage ich nichts. Als die beiden das Schwimmbad verlassen wollen frage ich ob Beate denn nichts vergessen habe. Vier ungläubige Augen schauen mich an.

„Du hast doch eben zehn Meter hin und zehn Meter zurück geschwommen. Mit der dabei zurückgelegten Kurve waren das bestimmt fünfundzwanzig Meter. Damit hast du das Frühschwimmerabzeichen redlich verdient.". Die Mutter nimmt Beate auf den Arm und drückt sie ganz feste an sich. Beate hat immer noch nicht realisiert was sie geleistet hat. Erst als sie das Abzeichen in der Hand hält wird es ihr bewusst. „Das zeige ich gleich dem Papa" sprudelt es aus ihr heraus. Sie strahlt über das ganze Gesicht. Gegen dieses Lachen kommt selbst die Sonne nicht an. Es sind die glücklichen Augen die das Kinderlachen zu etwas Besonderen machen.

Das war er also, mein erster Schwimmkurs als Schwimmlehrer. Die Erfolgsquote von achtzig Prozent spielt nicht wirklich eine wichtige Rolle. Acht Kinder haben das gesteckte Ziel erreicht. Bei Karin und Daniela fehlt nicht mehr viel. Ein wenig Übung und sie erreichen das Ziel auch.

Nun geht es an die Reflexion. Was war gut und was weniger gut? Was kann ich in Zukunft ändern und womit muss ich weiterhin leben? Als erstes schreibe ich mir einen Zettel für die Begrüßung der Eltern am ersten Abend. Alle wichtigen Dinge werden mittels einer Strichliste zusammengefasst. Auch die Sauberkeit der Füße wird angesprochen. Die Schwimmstunden werden in der Theorie einzeln geplant. Für jede Stunde definiere ich ein Ziel. Viel theoretische Arbeit ist nun notwendig. Fachbücher gehören ebenso zur Pflicht wie intensive Internetrecherchen.

So vorbereitet setzte ich mich ans Telefon und rufe wieder einmal an. „Guten Tag Frau Michels. Mein Name ist Tietz von der DLRG. Sie haben ihre Tochter Angelika für einen Schwimmkurs angemeldet. Ich möchte am kommenden Montag um 17:30 Uhr hier im Freibad mit einem neuen Kurs anfangen. Sind sie bitte mit ihrer Tochter pünktlich hier"…

Was man so zum Schwimmkurs braucht

Was wollen wir heute machen?

Hier spielt die Musik – und nicht im Himmel

Routine – ein Motivationskiller?

Im Internet findet man bei Wikipedia folgende Definition des Begriffs Routine: Als Routine bezeichnet man eine Fertigkeit oder Gewandtheit, der Erfahrung zugrunde liegt, einen sich stets wiederholenden Vorgang im Alltag.

Über Motivation kann man folgendes bei Wikipedia lesen: Motivation (von lat. motus, „Bewegung") bezeichnet in den Humanwissenschaften sowie in der Ethologie einen Zustand des Organismus, der die Richtung und die Energetisierung des aktuellen Verhaltens beeinflusst. Mit der Richtung des Verhaltens ist insbesondere die Ausrichtung auf Ziele gemeint. Energetisierung bezeichnet psychische Kräfte, die das Verhalten antreiben. Ein Synonym von Motivation ist „Verhaltensbereitschaft". Sehr häufig wird zunehmende Routine als Motivationskiller bezeichnet.

Die Schwimmausbildung ist für mich, mittlerweile ganzjährig, mit Ausnahme der Wochenenden, ein sich wiederholender Vorgang in meinem Alltag, also Routine. Meine Richtung des Verhaltens ist klar auf das Ziel des schwimmen Lernens gerichtet. Meine Motivation wird durch diese Routine beeinflusst. Das will und kann ich gar nicht abstreiten. Es gibt Tage, da habe ich nun wirklich keine große Lust mit den Kindern ins Wasser zu gehen. Die Gründe hierfür sind sehr unterschiedlich. Auch ich kann mir bei herbstlichen Temperaturen, fehlender Sonne und kühlem Wind etwas Schöneres als Freibad vorstellen. Das private und berufliche Umfeld wirkt ebenfalls stetig auf mich ein. Auch ich bin Stimmungsschwankungen unterworfen und nicht jeden Tag gleich gut oder gleich schlecht gelaunt.

Sind „meine Kinder" und ich dann zusammen, entschwinden alle demotivierenden Gründe. Ganz im Gegenteil.

Mein Ehrgeiz wird geweckt und ich muss aufpassen, dass meine Ziele nicht zu hoch gesteckt und damit unerreichbar werden und ich die Kinder nicht überfordere. Doch „meine Kinder“ holen mich schnell wieder auf den Boden der Tatsachen zurück. So wie sie ihre Grenzen bei mir austesten, zeigen sie mir auch meine Grenzen auf.

Wirkliche Routine kommt dabei nicht wirklich auf. Jede Schwimmkursstunde ist immer wieder einzigartig. Kinder, die heute noch selbstbewusst auftreten, sind morgen ängstlich und schüchtern. Mit jeder absolvierten Schwimmstunde werden die Leistungen der Kinder besser und ihr Stolz auf das bisher Erreichte äußert sich direkt in ihrem Verhalten. Die Kinder zeigen ihre Gemütsverfassung offen und bedürfen mehr oder weniger der Zuneigung. Häufig müssen sie zu Beginn der Stunde erst einmal erzählen was sie heute so erlebt haben.

So erfährt man ganz nebenbei, dass Mama und Papa sich ganz doll gestritten haben. Es ging mal wieder um das liebe Geld. Oder man erfährt bei genauem Hinhören, dass die Mama ganz traurig ist weil der Papa eine Freundin hat. Die Omas werden häufiger genannt als die Opas. Die Geschwister spielen nur selten eine Rolle. Der Freund oder die Freundin sind jedoch oft Vorbilder in allen möglichen Lebenslagen.

Mal sind die Kinder absolut müde durch die vielen Aktivitäten, die sie tagsüber absolviert haben. Ein anderes Mal sind die Kinder dermaßen aufgedreht, dass ich sie kaum gebändigt bekomme.

Die dreißig Jahre sind auch an den Methoden der Kindererziehung nicht spurlos vorbeigegangen. Es ist nicht immer ganz einfach, Kinder, die zuhause unterschiedlich erzogen werden, gemeinsam in einer Gruppe zu einem gemeinsamen Ziel zu führen. Ich habe hier und da den Eindruck, dass die Kinder von heute bereits mit vier Jahren dringend einen Terminkalender benötigen.

Neben den Terminen für Fußball, Ballett, Musikschule, Logopäde, Gitarrenunterricht und Arztbesuchen findet jetzt auch noch mehrmals Schwimmunterricht statt. Kein Wunder, dass so mancher Elternteil einen gestressten Eindruck auf mich macht.

Routine – ein Motivationskiller? Ja, vielleicht. Bei den Schwimmkursen kommt jedoch gar keine wirkliche Routine auf und deswegen ist meine Motivation heute noch genauso hoch wie vor dreißig Jahren.

Gewöhnungsübung an die Schwimmnudel

Die Schwimmnudel ist ein unverzichtbares Hilfsmittel

und die Kinder haben Spaß mit ihr

„Schwimmen ist die beste Art des Sonderturnens für alle Altersklassen“

(Kochner)[3]

[3] Dr. med. Gustav Kochner, Sportarzt, Grünwald bei München: Haltungsschäden und ihre Bekämpfung, S. 18, 6. Auflage

Gedankensplitter

Teil 1

Erinnerung an „Sandro“
Der laufende Schwimmkurs ist schon recht weit fortgeschritten. Die ersten Kinder haben ihre Seepferdchenprüfung erfolgreich absolviert. Heute möchte ich mit den vier noch verbliebenen Kindern möglichst weit im Schwimmerbecken schwimmen. Sandro, ein aufgeweckter Junge, wird bestimmt nicht ohne Hilfestellung auskommen. Er gehört zu den Kindern, die sehr viel Spaß während der Übungsstunden hatten. Sein persönliches Ziel scheint aber nicht annähernd der Erwerb des Seepferdchens zu sein.

Sandro ist in Portugal geboren und lebt eigentlich auch dort. Seine Eltern habe ich nie kennen gelernt. Sie leben in Portugal und Sandro ist im letzten Jahr vor der Einschulung bei seiner Tante und seinem Onkel in Deutschland eingezogen. Einer von diesen beiden bringt Sandro auch regelmäßig zu den Schwimmkursstunden. Als fünfjähriger Junge gehört er zu den Kindern, die nach den Sommerferien in Portugal die Schule besuchen werden.

Hannah ist gerade fünf Jahre geworden. Nach der letzten Schwimmstunde haben die Kinder ihr ein Geburtstagslied gesungen und ich habe allen Kindern ein Eis spendiert. Nach jedem Versuch, die fünfundzwanzig Meter zu schwimmen, schaut sie mich mit großen grünen Augen an und fragt. „Habe ich jetzt das Seepferdchen?“ Sie entwickelt einen enormen Ehrgeiz. Ausschließlich die fehlende Kraft ist nach meiner Einschätzung der Grund dafür, dass sie die fünfundzwanzig Meter noch nicht geschafft hat. Heute will ich ihr gleich zu Beginn der Schwimmstunde die Möglichkeit für einen erfolgreichen Versuch geben. Die Rahmenbedingungen sind heute eigentlich optimal. Obwohl die Temperaturen angenehm warm sind, haben nicht viele Menschen den Weg in das Freibad gefunden.

Die Wellenbewegungen im Schwimmerbecken sind folglich recht gering. Mit Sandro, Eva und Jonas gehe ich zur Stirnseite des Schwimmerbeckens. Ich bin heute alleine mit den Kindern und belehre sie eindringlich dort stehen zu bleiben bis ich mit Hannah bei ihnen bin. „Wenn Hannah losgeschwommen ist, möchte ich eure Anfeuerungsrufe hören“, sage ich noch bevor ich zu dem wartenden kleinen Mädchen mit den kurzen blonden Haaren gehe.

Ihr Badeanzug leuchtet mir dunkelblau entgegen. Sie war also schon unter der Dusche und wartet nun auf ihren Versuch. Während ich mir die Rettungsstange nehme, geht Hannah ins Wasser und hält sich am Beckenrand fest. Wie oft haben wir diese Prozedur schon hinter uns? Die Rettungsstange halte ich ungefähr einen Meter vor das Schwimmkind um im Notfall Hilfe leisten zu können. Auf das Kommando „Los“ lässt Hannah sich in das Wasser gleiten und beginnt, wie gewohnt, mit ruhigen Schwimmbewegungen.

Von den drei Kindern an der Stirnseite des Beckens höre ich keinen Laut. Ich drehe meinen Kopf in ihre Richtung und sehe gerade noch, wie Sandro in das Schwimmerbecken springt. Er hat keinen Schwimmgürtel an und geht folglich auch sofort mit seinem gesamten Körper unter. Jetzt überschlagen sich die Ereignisse. Ich ziehe Hannah mit der Rettungsstange an den Beckenrand und weise sie an, sich dort festzuhalten und nicht fortzubewegen. Die Stange lasse ich fallen und laufe in die Richtung, wo Sandro eben noch war. Während ich mit einem Kopfsprung ins Schwimmerbecken springe, sehe ich noch Sandros Haare und Arme kurz aus dem Wasser ragen. Nach drei bis vier Tauchzügen kann ich Sandro am Arm fassen und ihn über den Wasserspiegel halten. Ein vollkommen unschuldiges Augenpaar schaut mich an. Furcht oder Angst kann ich nicht in diesen Augen erkennen. Ein Blick zurück zu Hannah zeigt mir, dass sie sich brav am Beckenrand festhält. Nachdem ich den Jungen am Beckenrand abgestellt habe frage ich ihn warum er denn ins Wasser gesprungen ist.

„Du hast zu uns gesagt, wir sollen ins Wasser springen wenn Hannah losgeschwommen ist“, kommt seine Antwort. Nicht den Hauch eines schlechten Gewissens ist in der Stimme zu hören. Ich bin erst einmal froh, dass nicht mehr passiert ist und setze die Kinder auf die weit vom Wasser entfernt stehende Bank. „Hier bewegt sich keiner mehr weg“, sage ich in strengem Ton. Mit eingezogenen Köpfen setzen sich die drei Kinder, ohne einen Ton von sich zu geben, hin. Hannah hält sich immer noch am Beckenrand fest. Sie weiß gar nicht so recht was passiert ist. Nachdem ich meine Brille, die ich bei dem Kopfsprung verloren hatte, vom Beckenboden heraufgeholt habe, startet Hannah ihren zweiten Versuch. Nach fünfundzwanzig Metern werfe ich sie mehrmals in die Luft, fange sie wieder auf und drücke sie ganz fest an mich. Ihr Seepferdchen und den entsprechenden Ausweis nimmt sie riesig stolz mit einem Lächeln entgegen. Sandro hat bis zum Ende der Schwimmbadsaison kein Frühschwimmerabzeichen erhalten. Das war für ihn auch kein Drama denn er hatte schließlich eine ganze Menge Spaß gehabt und das reichte ihm vollkommen.

Erinnerung an „Karen“

Die Mutter von Karen ist aus Deutschland, der Vater aus Simbabwe. Die Fünfjährige ginge aufgrund ihrer Körpergröße auch als Siebenjährige durch. Mit ihrer kaffeebraunen Haut, den langen Beinen, den schwarzen Augen und den langen schwarzen gekräuselten Haaren kann man sie als bildhübsches Mädchen bezeichnen. Aber nicht nur durch ihr äußeres Erscheinungsbild unterscheidet sie sich von den anderen Kindern ihrer Schwimmkursgruppe.

Schon in der vierten Kursstunde schwimmt Karen auf der Schwimmnudel stilistisch einwandfrei. Die Koordination der Beinarbeit und der Armbewegungen ist vorbildlich. Der Kopf ist stets über der Wasseroberfläche und der Körper liegt flach im Wasser. In dieser Hinsicht ist Karen allen anderen Kindern voraus.

Nur in einer „Pflichtübung“ hängt sie weit hinterher. Sie möchte nicht in das Becken hineinspringen. Diese Weigerung gilt grundsätzlich. Karen springt nicht an meiner Hand ins Wasser, nicht mit einer Schwimmnudel in das Nichtschwimmerbecken und an einen Sprung in das Schwimmerbecken oder gar vom Einmeterbrett ist gar nicht zu denken. Alle meine angewandten Überredungstechniken helfen nicht weiter. Materielle Anreize durch die Eltern werden zur Kenntnis genommen, sind aber offensichtlich nicht groß genug. Alle anderen Kinder sind zwischenzeitlich bereits mindestens einmal vom Einmeterbrett gesprungen. Ich habe schon einmal an die von Dieter praktizierte Methode bei Lukas gedacht (siehe auch Gedankensplitter „Lukas“), den Gedankengang dann aber wieder verworfen. Vielleicht springt Karen ja, wenn ihr nur noch der Sprung fehlt und sie das Seepferdchen nur mit Sprung erhält. Es ist doch nur ein Sprung vom Beckenrand und viele Kinder haben sich in letzter Minute hierzu überwinden können.

Es ist Montag. Das Schwimmbad ist brechend voll. Heute hat es wohl wenig Wert, mit den Kindern in das Schwimmerbecken zu gehen. Das DLRG-Training, die Badegäste und zwei Schwimmkurse in einem Becken – das kann nicht funktionieren.

Maria, meine zuverlässige Helferin und ich sammeln die Kinder zu Beginn der sechsten Stunde im gesamten Schwimmbad ein. Wir beginnen mit dem Üben der Beinbewegungen. Anschließend verteilen wir die Schwimmnudeln an die Kinder. Ich hole tief Luft um den Kindern zu erklären, dass wir heute nicht in das Schwimmerbecken gehen können. Sie werden das sicherlich verstehen. Bevor ich jedoch den ersten Ton herausbringe, fragt Karen mich: „Rolf, darf ich heute vom Startblock springen?“ Ihre Augen schauen mich dabei fast flehend an. Sofort ändere ich meine Absicht und erkläre: „Wir gehen jetzt alle miteinander zum Startblock Nummer eins. Alle Kinder gehen weit weg vom Beckenrand damit keiner in das Wasser fallen kann. Ich gehe zuerst und Maria geht zum Schluss der Gruppe. Keiner geht vor mir.“

So gehen wir nun in einer langen Reihe durch das Getümmel von Badegästen, übermütigen Jugendlichen und den am Beckenrand liegenden Sonnenhungrigen zum Startblock Nummer eins. Der ist, wie bei dem Betrieb nicht anders zu erwarten war, für Sprünge gesperrt. Nach Rücksprache mit Walter, dem Schwimmmeister, dürfen wir die Sperrung für einen einzigen Sprung aufheben. Maria geht in das Wasser und hält von dort den Sprungbereich frei.

Karen geht unter die Dusche und kommt mit der Schwimmnudel auf den Startblock. Während ich mich noch auf die nun sicherlich einsetzende Diskussion vorbereite, springt Karen ohne wenn und aber ins Wasser. Das erste was ich sehe als sie mit dem Kopf aus dem Wasser auftaucht sind die weit aufgerissenen Augen. „Nochmaaaaaaaal“, höre ich sie mir entgegenrufen. „Wir machen aber einen Schwimmkurs und keinen Springkurs“, lehne ich ihre Bitte ab.

Als sie über die Treppe aus dem Wasser klettert, frage ich Karen warum sie denn heute ohne Weinen und ohne Diskussion gesprungen ist.

Sie habe ein Geheimnis, erklärt sie mir mit einem etwas verlegenen Blick. Neugierig gehe ich in die Hocke und frage ob sie mir ihr Geheimnis denn verraten könne. Natürlich verspreche ich ihr sofort, keiner Menschenseele etwas zu verraten. Karen möchte mir ihr Geheimnis gerne anvertrauen. Aber nur wenn alle anderen Kinder weg sind. Also schicke ich Maria mit allen anderen Kindern zum Nichtschwimmerbecken. Sie soll dort auf uns warten.

„Was hast du denn für ein Geheimnis, dass du dich plötzlich traust ins Wasser zu springen?“, frage ich Karen immer noch in der Hockstellung. Karen kommt jetzt ganz nah an mich heran, legt eine Hand auf meine Schulter und flüstert in mein Ohr: „Ich habe mich in dich verliebt!“ Ihre kaffeebraune Haut färbt sich zumindest im Gesichtsbereich leicht rötlich.

Von diesem Tag an stellt der Sprung in das Wasser kein Problem mehr dar. Karen traut sich sogar den Sprung vom Einmeterbrett zu. Sie ist das erste Kind der Gruppe welches die geforderte Schwimmleistung, den Sprung und das Tauchen erfüllt und damit das Seepferdchen erhält.

Anna schwimmt ihre ersten Meter alleine

und wird gelobt.

Erinnerung an „Marco“

Wir sitzen mit der Schwimmkursgruppe zusammen im DLRG-Raum des Mendiger Freibades. Die Eltern der Kinder warten unter der Überdachung damit sie ihren Kindern nach dem theoretischen Anteil die Badesachen anziehen können. Das Wetter ist grauenhaft. Es weht ein böiger kalter Wind und die Sonne verschwindet immer wieder hinter den heranziehenden dunklen Wolken. Alles deutet darauf hin, dass es heute noch ein kräftiges Gewitter geben wird.

Die Kinder sind alle mindestens sechs Jahre alt. In dieser Altersgruppe wollen wir den Kindern, neben der richtigen Schwimmtechnik, auch die Baderegeln beibringen. Bei insgesamt fünfzehn Tagen Kursdauer und zehn Baderegeln habe ich mir vorgenommen, die letzte Woche keine dieser Regeln mehr anzusprechen. Zu häufig haben in der Vergangenheit Kinder in der zehnten oder elften Stunde die Bedingungen für das Seepferdchen erfüllt und damit ihren Schwimmkurs beendet. Mein Anspruch war jedoch, allen Kindern alle Baderegeln zu erklären. So wurde in den ersten zwei Wochen jede Stunde mit einer Baderegel begonnen.

Wir wollen heute die dritte Baderegel besprechen. Das grauenhafte Wetter zwingt uns nicht zur Eile. Die Gelegenheit ist günstig für das Erlernen der richtigen Vornamen. Ich nehme mir also Zeit. Im Raum herrscht ein Lärmpegel, der kaum auszuhalten ist. Dennoch lasse ich die Kinder gewähren. Auch ihr Verhalten deutet auf ein Gewitter hin. Nach circa fünf Minuten wird es mir aber doch zu laut. Ich spreche ein Machtwort. Für einen Moment ist absolute Ruhe eingekehrt.

Sebastian ist heute total aufgedreht. Sein zu einer Grimasse verzogenes Gesicht bringt den Rest der Gruppe zum Lachen. Und schon ist es mit der gerade noch herrschenden Ruhe wieder vorbei. Das spornt Sebastian weiter an und er beginnt, wie ein Hampelmann im Raum hin und her zu laufen.

Einige Kinder glauben es ihm nachmachen zu müssen. Treffen sie im Raum nun aufeinander, lassen sie sich fallen und strampeln wild mit Armen und Beinen. Sie sehen wie auf dem Rücken liegende Maikäfer aus. Ein zweites Mal muss ich laut werden. Dieses Mal lasse ich keinen Zweifel an der Ernsthaftigkeit meiner Worte aufkommen. „Es gibt Kinder, die wollen schwimmen lernen", sage ich streng. „Wer dazu keine Lust hat, kann gerne gehen", füge ich noch hinzu. Sebastian macht sich auf den Weg zur Türe. „Wenn du jetzt gehst, brauchst du nicht mehr wieder zurückkommen", ermahne ich ihn. Er schaut skeptisch. Dann setzt er sich wieder zurück auf seinen Stuhl. Sein Blick ist nach unten gesenkt. Anscheinend hat er sein Pulver verschossen.

Zwanzig Kinderaugen schauen mich an. Kein Kind sagt auch nur Pieps. Alle Aufmerksamkeit gilt jetzt meinen Worten. „Ich möchte von euch eine Baderegel hören", sage ich ganz ruhig in die Runde. Und schon geht das Durcheinander wieder los. Ich brauche jedoch nichts zu sagen. Die Kinder merken selber. So geht es nicht. „Kühle dich ab, wenn du ins Wasser gehst und gehe sofort raus, wenn dir kalt ist", sagt Christine voller Stolz. „Die haben wir doch erst gestern besprochen", gebe ich zu bedenken. „Ich möchte aber eine neue Baderegel hören". Justin sagt mit ganz ernster Mine: „Man darf am Kiosk keine fünf Würstchen essen und dann in das Wasser gehen weil man sonst untergeht". „Du sollst nicht mit vollem, aber auch nicht mit hungrigem Magen ins Wasser gehen", verbessere ich ihn. „Aber diese Baderegel hatten wir doch auch schon", füge ich noch an. Christian hebt schon die ganze Zeit seinen Arm. Wie in der Schule meldet er sich und wartet bis er das Wort erteilt bekommt. „Welche Baderegel kennst du denn, Christian", frage ich so laut, dass alle anderen ganz ruhig werden. Christian ist sich sehr wohl bewusst, dass nun alle auf seine Worte hören. Ganz langsam erklärt er folgende Baderegel: Bei Gewitter darf man nicht ins Wasser gehen! „Und warum darf man bei Gewitter nicht in das Wasser gehen?", frage ich nach.

„Weil dann der Blitz in das Wasser kommt und alle Menschen tot sind“, kommt die Antwort wie aus der Pistole geschossen. Noch bevor ich auf die Begründung antworten kann, plappert Marco los, ohne sich vorher gemeldet zu haben. „Ja – das ist so, wie wenn die Mama in der Badewanne sitzt und der Papa einen Föhn in die Wanne wirft!“ Ich bin einen Moment sprachlos. „Was ist los?“, frage ich nach um sicher zu sein, mich nicht verhört zu haben. Marco wiederholt seine Behauptung fast wortgetreu. Ich kommentiere seine Aussage nicht und schicke die Kinder zum Umziehen zu ihren Eltern nach draußen.

Der Mutter von Marco, einer ehemaligen Klassenkameradin von mir, stelle ich dann folgende Frage: „Kann es sein, dass deine Ehe nicht so glücklich verläuft, wie man sich das allgemein unter einer glücklichen Ehe vorstellt?“ Sie wird kreideweiß und ich erkläre ihr was Marco eben von sich gegeben hat. Sie hat keine Erklärung für Marcos Aussage und versichert mir, eine glückliche Ehe zu führen. Noch heute müssen wir über diese Situation lachen. Übrigens: Die Mutter ist heute noch mit demselben Mann glücklich verheiratet.

Erinnerung an „Jakob“

Es ist ein Schwimmkurs zum Heulen. Nicht die Kinder oder die Eltern sind an dieser Erinnerung schuld. Nein, einzig und alleine das Wetter ist der Grund. Dieser Kurs ist mir deswegen so gut in Erinnerung, weil es nicht einen einzigen Tag mit Sonnenschein gibt. Entweder regnet es aus Eimern oder es ist so kalt, dass die Eltern in dicken Jacken und eingehüllt in Decken während des Schwimmkurses unter der Überdachung auf ihre Kinder warten.

Neben Maria, meiner treuen „Schwimmlehrergehilfin“, helfen mir bei diesem Kurs noch Sabine, Kurt und Daniela. Sie gehören der DLRG-Jugendgruppe an und sollen ihre ersten Erfahrungen bei der Durchführung der Nichtschwimmerausbildung sammeln. Wie lange ist das bei mir schon her?

Fünf „Schwimmlehrer“ auf zehn Kinder. Das nenne ich ein effektives Verhältnis. Durch diese große Anzahl von Helfern sind wir in der Lage, trotz relativ kurzer Phasen im Wasser, viel mit den Kindern zu arbeiten. Die drei zusätzlichen Helfer sind jedoch schwieriger als ich mir das im Vorfeld gedacht hatte. War ich auch mal so? Das schlechte Wetter lässt sie immer mehr Ausreden erfinden, die geeignet sind, nicht in das Wasser gehen zu müssen. Nach nur zwei Wochen habe ich mich von den Dreien getrennt. Ich kann mich nicht wirklich auf sie verlassen. Wer regelmäßig kommt, sind die Schwimmkurskinder und meine treue Seele Maria.

Wir frieren zwar recht ordentlich, aber die „Arbeit“ mit den Kindern macht auch bei diesem Wetter Spaß. Die Zeiten im DLRG-Raum werden möglichst lange gestaltet. Ein Umziehen der Kinder vor Beginn der Schwimmstunde ist nicht möglich. Zu sehr würden die Kinder auskühlen. Also besprechen wir die Baderegeln sehr ausführlich und die Kinder dürfen, mehr als sonst, in der Gruppe ihre Tageserlebnisse erzählen. Nach circa zwanzig Minuten geht es dann ins Wasser.

Wenn wir schön langsam in Richtung Schwimmbecken gehen, brauchen wir nicht unter die Dusche. Wir sind dann durch den Regen klatschnass.

Jakob ist ein schmächtiger blonder Junge. Er scheint nur aus Haut und Knochen zu bestehen. Es fällt mir auf, dass er schon beim Betreten des Schwimmbades kräftig zittert. Seine Mutter versteht gar nicht warum er sich immer riesig auf den Besuch im Schwimmbad freut. Eigentlich müsste er doch froh über jede ausgefallene Stunde sein. Ich erinnere mich noch an folgenden zu Jakob gesagten Satz: „Jakob, du zitterst so schnell, dass selbst die Regentropfen keine Chance haben an deinem Körper zu bleiben." Er grinst dann zurück, sagt aber nichts.

Die Bilder am Ende jeder Schwimmstunde vergesse ich nie. Alle Kinder laufen zu ihren Eltern und werden direkt in dicke Decken eingehüllt, abgetrocknet und in warme Kleidung umgezogen. Jakob läuft auch immer direkt zu seiner Mutter. Danach kommt er zitternd in seiner nassen Badehose, mit einem Handtuch vor der Brust, zu mir gelaufen, stellt sich vor mich und fragt: „Rolf – habe ich gut gemacht?" Nur wenn ich seine Frage mit „ja" beantworte läuft er mit strahlenden Augen zu seiner Mutter und wird in warme Kleidung eingepackt. In diesem Kurs haben alle Kinder ihr Frühschwimmerabzeichen erhalten. Wir haben gute Arbeit in der von uns zur Verfügung stehenden Zeit geleistet.

Erinnerung an „Jan“

Jan ist ein Junge mit sehr guten Umgangsformen. Sein persönliches Umfeld scheint sehr viel Wert auf diese guten Manieren zu legen. Er begrüßt mich regelmäßig mit Handschlag und macht dabei artig einen Diener. Ich muss bei dieser Verhaltensweise immer ein wenig schmunzeln. Eigentlich passt dieses Verhalten nicht zu einem Jungen mit fünf Jahren. Meine Aufgabe besteht jedoch nicht in der Erziehung dieser Kinder, sondern im Beibringen der Schwimmtechnik.

Die Gruppe sitzt zusammen und ich erkläre was wir heute Abend an Übungen absolvieren wollen. Während ich so erzähle, spritzen sich die Kinder gegenseitig nass oder stecken den Kopf in das Wasser. Jan nicht. Er sitzt aufmerksam da und lauscht meinen Worten. Er bemüht sich, die ihm gegebenen Anweisungen ordnungsgemäß umzusetzen. Aufgrund der noch fehlenden Koordinationsfähigkeit hat er jedoch erhebliche Probleme. Üben wir die Beinbewegungen im Trockenen, funktioniert das Anziehen, Spreizen und Zusammenschlagen vorbildlich. Im Wasser, auf der Nudel, bringen ihn die Wellenbewegungen immer wieder durcheinander. Die Unterschenkel werden abgeknickt und schauen aus dem Wasser heraus. Die Füße sind dabei überkreuz fest aneinandergedrückt. Ich habe Schwierigkeiten diese krampfartige Haltung aufzulösen und die Beine zu strecken. Die Gleichgewichtsübungen auf dem Rücken, auf dem Bauch und aufrecht stehend im Wasser gefallen ihm außerordentlich. Jan grinst dabei über das ganze Gesicht. Seine weißen Zähne kommen dabei zum Vorschein und er ähnelt dabei den jun gen aus dem Orient, so wie man sie aus dem Fernsehen kennt. Sein Verhalten bei den Schwimmbewegungen ändert er jedoch nicht.

Als ich ihm androhe, dass ich ihm eine auf die Zwölf gebe, wenn er seine Bewegungen nicht bald ordentlich mache, fragt er mich ganz unschuldig: „Was ist einem eine auf die Zwölf geben?“ Ich muss lachen. Dennoch werde ich um eine Antwort nicht herumkommen.

Also nehme ich Jan, hebe ihn hoch und werfe ihn über meine Schulter nach hinten ins Wasser. Die Schwerkraft sorgt für das sofortige Untergehen und der Schwimmgürtel für das direkte Auftauchen. Nachdem das Gesicht wieder zu sehen ist sieht man kein Entsetzen. Nein, man sieht die weißen Zähne in einem zum Lachen geformten Mund.

Aus der wartenden Kinderschar kommt plötzlich ein Geschrei: „Ich will auch einen auf die Zwölf – Rolf, ich auch!" Also muss ich allen Kindern nach und nach „eine auf die Zwölf" geben. An diesem Abend lernen wir schwimmerisch nichts Neues.

Jan bringt mich fast an den Rand der Verzweiflung. Seine Beine will, oder kann er nicht ordentlich bewegen. Wir versuchen es mit der etwas härteren Methode. Er bekommt den Schwimmgürtel ausgezogen und soll nun ohne Hilfsmittel schwimmen. Diese Methode hat den Vorteil, dass die Beine nach unten gehen und auch bei angewinkeltem Zustand nicht aus dem Wasser ragen. Der Nachteil ist der notwendige erhöhte Kraftaufwand für die Arme. Einen Versuch ist es wert. Ohne zu zögern lässt Jan sich nach vorne in das Wasser fallen. Seine Arme fangen wild an zu rudern während die Beine sich wie beim Fahrradfahren bewegen. Da liegt noch viel Arbeit vor uns.

Nach zwei weiteren Schwimmstunden sieht die Bewegung von Jan im Wasser schon fast wie schwimmen aus. Mit den Armen zieht er sich vorwärts während er mit einem halbwegs vernünftigen Beinschlag dafür sorgt, dass der Kopf über Wasser bleibt. Doch nun stellt sich ein neues Problem ein. Jan scheint sich erkältet zu haben und hustet immer wieder einmal. Da er beigebracht bekommen hat, sich beim Husten die Hand vor den Mund zu halten, macht er dies auch während des Schwimmens. Dies führt nun zur Absenkung des Kopfes unter die Wasseroberfläche und zum Wasserschlucken. Ein Teufelskreislauf beginnt. Ich erwäge schon eine Pause für Jan.

Er soll erst einmal seine Erkältung auskurieren und dann später wieder in den Kurs einsteigen. Als ich ihm diesen Vorschlag mache, lehnt er dankend ab. Er will doch jetzt bald schwimmen können und das Seepferdchen als Abzeichen auf der Badehose tragen.

Wir versuchen es. Jan soll jetzt ohne Hilfsmittel die fünfundzwanzig Meter schwimmen. Er beginnt vollkommen konzentriert. Plötzlich wieder dieser Husten. Er strampelt mit den Beinen, die kerzengerade nach unten zeigen, hält die Hand vor den Mund, hustet und schwimmt weiter. Die Beine zeigen jetzt nach hinten und verleihen ihm den notwendigen Schwung nach vorne. Bis zur Zielmarke muss er insgesamt viermal husten. Aber er schafft es und ist riesig stolz.

Abends um 21:45 Uhr ruft seine Mutter bei mir zu Hause an und macht mich auf meinen Irrtum aufmerksam. „Sie haben Jan das Seepferdchen gegeben. Er kann aber doch gar nicht schwimmen. Das hat mein Bruder auch gesagt und der war am Wochenende mit ihm im Schwimmbad." Ich versichere ihr, dass kein Irrtum vorliegt. Jan ist die geforderte Strecke ohne Hilfsmittel geschwommen. Er hat sich das Abzeichen ehrlich verdient. Geglaubt hat sie mir nicht. Jan habe ich nie mehr wieder im Schwimmbad gesehen.

Auszug aus dem Erlaß U VI 235 v. 26. 2. 1927
Zeugnis über die Teilnahme am Schwimmen

Es bestehen keine Bedenken dagegen, den Schülern und Schülerinnen, die an dem Schulschwimmen teilnehmen, neben der Bescheinigung der erlangten Schwimmfertigkeit in den Schulzeugnissen besondere Zeugnisse für Freischwimmer, Fahrtenschwimmer und Rettungsschwimmer auszustellen. Um jedoch die Einheitlichkeit in der Beurteilung der Fertigkeiten zu gewährleisten, wird bestimmt, daß die Erteilung dieser Zeugnisse nach folgenden Grundsätzen zu erfolgen hat:

a) Das Zeugnis als Freischwimmer erhalten Schüler und Schülerinnen, die unter Aufsicht ihres Schwimmlehrers(lehrerin) 15 Minuten ununterbrochen Brustschwimmen geleistet haben.

b) Das Zeugnis als Fahrtenschwimmer erhalten Schüler und Schülerinnen, die 45 Minuten in beliebiger Schwimmart ununterbrochen vorwärts geschwommen sind.

Die Ausstellung der Zeugnisse nach Maßgabe der Bestimmungen privater Verbände, Vereine oder Gesellschaften ist nicht statthaft.

Schwimmer-Zeugnis

Best. 100. Schwimmer-Zeugnis für alle Schulsysteme. Formularlager A. W. Zickfeldt, Osterwieck-Harz. Nachdruck verboten!

Das Schwimmzeugnis meiner Tante Luci

Freischwimmer-Zeugnis
(Schwimmzeit 15 Minuten)

Luci Tietz

geboren am 10. 6. 1921

Schülerin der Mädchenvolksschule

hiesigen Ortes erhält das Zeugnis als

Freischwimmer

nach Maßgabe des Min.-Erl. U VI 235 v. 26. 2. 27.

Neudamm, den 29. 9. 1933.

Schneider, Rektor — Lück, Schwimmlehrerin

Fahrtenschwimmer-Zeugnis
(Schwimmzeit 45 Minuten)

Lucie Tietz

geboren am 10. 6. 1921

Schülerin der [illegible]schule

hiesigen Ortes erhält das Zeugnis als

Fahrtenschwimmer

nach Maßgabe des Min.-Erl. U VI 235 v. 26. 2. 27.

Neudamm, den 22.8. 1934

Schneider, Rektor — Lück, Schwimmlehrerin

aus dem Jahr 1933/1934

Erinnerung an „Damion“

Ein Lausbub wie er im Buche steht. Das ist Damion. Er will schwimmen lernen und zeigt mir gleich zu Beginn des Schwimmkurses, dass er keinerlei Angst vor dem Wasser hat. Die Übungen können nicht wild genug sein. Auch im Schwimmerbecken macht er alles Mögliche, nur nicht was er zum Schwimmen braucht. Seine Aufmerksamkeit leidet sehr häufig durch die Flusen, die er im Kopf hat. Schimpfe ich mal mit ihm weil er die Gruppe stört, straft er mich mit Nichtachtung. Er stellt sich dann an den Beckenrand und reagiert nicht mehr. Spricht man ihn an kommt keine Reaktion. Nehmen wir ihn dann vom Beckenrand fort und legen ihn auf das Wasser damit er mit den Schwimmbewegungen anfangen kann, lässt er sich untergehen, stellt sich hin und schaut durch einen hindurch.

Mein „Dickkopf“ ist im Vergleich zu Damions Sturheit eine weiche Birne. Dennoch ist er das erste Kind der Gruppe, welches ohne Schwimmhilfe im Schwimmerbecken schwimmen darf. Er schwimmt circa fünf Meter und bleibt strampelnd im Schwimmerbecken stehen. Ich fordere ihn auf, wenigstens bis zum Beckenrand zu schwimmen. Das sind noch keine zwei Meter. Nein – Damion bleibt strampelnd an der Stelle wo er sich gerade befindet. Wo nimmt der Kerl nur diese Kraft her?

Ich beschließe, mehr Wert auf seine Beinarbeit zu legen. So, bilde ich mir wenigstens ein, fällt ihm die Vorwärtsbewegung leichter und er hat ein größeres Erfolgserlebnis. Also fordere ich ihn auf, sich mit den Händen an der Rettungsstange festzuhalten. Ich ziehe ihn dann durch das Schwimmerbecken und er braucht sich „nur“ auf eine korrekte Beinarbeit zu konzentrieren. Während ich den Lausbub so durch das Becken ziehe macht er immer wieder die Arme krumm. Dadurch werden die Kinder schwer wie ein Sack Zement. „Mach die Arme lang“, rufe ich immer wieder zu ihm. Aber, wenn Damion nicht will, dann macht er es auch nicht.

Da helfen keine Drohungen, keine Versprechungen oder sonstige, bei anderen Kindern sehr wirksame Methoden. Immer wieder bringe ich den Jungen während der Schwimmstunde zur Mutter zurück. Er lässt sich einfach nichts sagen.

Die Mutter und ich treffen nun ein Abkommen. Zeige ich nach der Schwimmstunde mit dem Daumen nach oben, darf Damion noch eine Tüte Kartoffelchips oder ein Würstchen kaufen. Zeigt der Daumen nach unten gibt es Nichts. Der Erfolg dieses Abkommens ist gleich Null. Darf Damion sich etwas kaufen, ist die Welt in Ordnung. Zeigt der Daumen nach unten wird einfach mit der schlechten Laune weitergemacht und er bleibt bockig. Die Mutter kennt dieses Verhalten nur zu gut und hat ihre Methode entwickelt damit umzugehen.

Alle Kinder der Gruppe haben mittlerweile das Seepferdchen erhalten. Damion schwimmt maximal zwanzig Meter. Dann hört er auf, strampelt auf der Stelle oder lässt sich einfach untergehen. Der Kerl könnte ganz sicher die fünfundzwanzig Meter schwimmen, aber er will ganz offensichtlich nicht.

Am letzten Tag der Schwimmbadsaison geht Maria noch einmal mit Damion zum Schwimmerbecken. Die Badegäste sind schon fast alle nach Hause gegangen. Wir beschließen, das Bad in dreißig Minuten für dieses Jahr zu schließen. Das war es dann mal wieder für diese Saison. Plötzlich steht Maria mit Damion vor mir und sie erklären mir, dass sie gerne das Seepferdchen hätten. Damion war die fünfundzwanzig Meter geschwommen, hatte einen Ring aus schultertiefem Wasser heraufgeholt und ist, wie sollte es bei diesem Lausbuben auch anders sein, vom Einmeterbrett gesprungen.

Im Anschluss stellte sich auch der Grund für das während des Kurses gezeigte Verhalten heraus. Die Schwimmkurskinder dürfen samstags morgens zur „Spielstunde“ kommen.

In dieser Stunde dürfen die Kinder Blödsinn machen, toben und einfach nur Spaß haben. Alles Dinge, für die wir während des Schwimmkurses nicht ausreichend Zeit haben. Wer das Seepferdchen hat, darf nicht mehr zur Spielstunde kommen. Ansonsten würde die Anzahl der Kinder meine Kapazitäten wesentlich übersteigen.

Da Damion die Spielstunde in außergewöhnlichem Maß genoss, wollte er auf gar keinen Fall früher das Seepferdchen haben. Ich werde diese „Spielstundenregelung" in der nächsten Saison ändern müssen. Irgendwie kann ich die Motivation von Damion im Nachhinein ja denn auch verstehen.

Erinnerung an „Brandy“

Brandy ist ein Kerl wie ein Baum. Er ist Angehöriger der US-Army und kommt seit einiger Zeit regelmäßig in unser Schwimmbad. Sein Besuch läuft immer nach dem gleichen Schema ab. An der Kasse kramt er in der Hosentasche nach dem Eintrittsgeld. Seine Badehose und sein Handtuch bringt er in einer Plastiktüte mit.

Nachdem er sich in der Umkleidekabine umgezogen hat, erscheint er in einer Tigerfellbadehose und die Köpfe der weiblichen Badegäste schauen alle zu diesem athletischen Körper. Selbst die anwesenden Männer müssen zugeben, dass man auf einen solchen Körper schon mal neidisch sein kann.

Brandy geht nun mit seiner Plastiktüte, in der nun Jeans und T-Shirt aufbewahrt werden, zum Beckenrand. Die Dusche lässt er verächtlich links liegen. Die Plastiktüte wird auf die am Beckenrand stehende Bank abgelegt. Nun geht er zur Treppe, die schräg in das Nichtschwimmerbecken ragt. Mit dem linken Fuß wird die Wassertemperatur erfühlt während die Hände den Handlauf der Treppe rechts und links fest umklammern. Der linke Fuß wird jetzt wieder zurückgenommen. Mit dem rechten Fuß wird wiederum ein kleiner Kreis im Wasser vollzogen. Dann – endlich, geht es eine Treppenstufe tiefer. Die ganze Prozedur dauert so um die zwanzig Minuten.

Jetzt ist Brandy im Nichtschwimmerbecken. Er steht, ohne sich festzuhalten, im Wasser und seine Knie schauen immer noch oberhalb des Wasserspiegels heraus. Langsam, ganz langsam, geht er in Richtung Schwimmerbecken. Dabei schöpfen seine Hände immer wieder in Wasser um sich den Oberkörper zu benässen. Nach unendlich langer Zeit kommt er dann auch mal am roten Seil an. Im Gegensatz zu unserer Vermutung bleibt er jedoch im Nichtschwimmerbereich. Er schwimmt im Nichtschwimmerbecken ungefähr fünfzig Querbahnen am roten Seil entlang.

Anschließend verlässt er das Wasser und dann das Schwimmbad. Warum mag er wohl nicht in das Schwimmerbecken gehen? Diese Frage beschäftigt nicht nur uns von der DLRG. Auch andere Badegäste machen sich über dieses gezeigte Verhalten Gedanken. „Wissen Sie, warum der Amerikaner nicht in das Schwimmerbecken geht?“, werden wir von einigen gefragt. Um den Spekulationen über mögliche oder unmögliche Gründe entgegenzuwirken beschließen wir, ihn einfach zu fragen. Ich bekomme diese Aufgabe übertragen.

Am nächsten Tag nehme ich alle meine Kenntnisse der englischen Sprache zusammen und frage den Amerikaner: „Warum gehen sie nicht in das Schwimmerbecken? Sie können doch recht gut schwimmen.“ Die Antwort verblüfft mich dann doch. Er hat Angst vor dem tiefen Wasser und möchte einfach nicht ertrinken. Ein Mann mit fast zwei Metern Körpergröße und einem Körper, der nur aus Muskeln zu bestehen scheint, hat schlicht und einfach Angst.

Klaus hat während seiner Bundeswehrzeit recht viel mit Amerikanern zu tun gehabt und weiß, dass man die Jungs unheimlich mit der Aussicht auf ein Abzeichen motivieren kann. Er schlägt vor, wir sollen ihm doch einfach den Erwerb des Frühschwimmerabzeichens in Aussicht stellen. Dann überwindet er seine Angst und geht sicherlich in das Schwimmerbecken.

Bei der nächsten Gelegenheit biete ich Brandy den Erwerb des Frühschwimmerabzeichens an. Ich muss ihm genau erklären, welche Aufgaben zu bewältigen sind um das Abzeichen zu erhalten. Bei dem Wort Schwimmerbecken geht er gleich einen Schritt zurück. Ich kann ihn nur dadurch beruhigen, indem ich ihm meine ständige Anwesenheit am Beckenrand versichere. Als ich ihn vor dem Sprung ins Wasser vom Beckenrand so dastehen sehe, fällt mir Karen ein. Er springt sicher nicht weil er sich in mich verliebt hat. Aber auch ihn kostet der Sprung ganz offensichtlich eine enorme Überwindung.

Nach dem Sprung schwimmt er langsam am Beckenrand entlang. Immer wieder schauen seine ängstlichen Augen zu mir. Wie meine kleinen Kinder, denke ich so. Wie schön, dass es bei den Erwachsenen auch so ist.

Das Tauchen stellt insofern ein Problem dar, weil er den Gegenstand aus schultertiefem Wasser, also auch im Schwimmerbecken, heraufholen muss. Aber auch das macht er in freudiger Erwartung eines Abzeichens. Stolz, wie meine Kinder, nimmt er den Ausweis und das Abzeichen entgegen. Nun werde ich mutig und versuche ihn auch noch zum Schwimmabzeichen in Bronze zu überreden. Ich erkläre ihm die Bedingungen und er verspricht mir darüber nachzudenken. Wir haben Brandy nie mehr wieder gesehen.

2 stolze Besitzer des „Tauchpferdchens“

Die Rutsche eignet sich sehr gut zur Wassergewöhnung

Die Geschichte des Schwimmens und des Schwimmenlernens

»In unserer heutigen Gesellschaft sind Baden und Schwimmen etwas Selbstverständliches. Wir können gar nicht früh genug damit anfangen. Wer einmal schwimmen kann, verlernt es nicht mehr. Und es ist ein toller Weg, um bis ins hohe Alter fit zu bleiben. Denn im Wasser wird der Körper leicht, fast schwerelos. Vor allem in freien Gewässern ist Schwimmen viel mehr als nur ein Sport oder eine Überlebenstechnik gegen Ertrinken: Es ist ein intensives Erleben der Natur.

Die Anfänge des Schwimmens

Es ist heute schwer zu sagen, wann genau der Mensch lernte zu schwimmen. Wirklich nachzuweisen ist es nicht. Aber überall dort, wo Menschen am Wasser lebten, war Schwimmen mit Sicherheit sehr wichtig, wenn nicht sogar lebensnotwendig. Demnach dürfte die Geschichte des Schwimmens so alt sein wie die Menschheit selbst.

Die wohl ältesten Hinweise auf das Schwimmen wurden ausgerechnet dort gefunden, wo es heute nur noch heißen Sand gibt: in einer Höhle des Gilf Kebir in der Libyschen Wüste, einem Teil der Sahara. Die Felsmalereien stammen von unseren Vorfahren, die kurz nach Ende der letzten Eiszeit lebten, und sind etwa 8000 Jahre alt. Die gemalten Schwimmer führen einen Gleichschlag aus, eine Art Brustschwimmen.

Forscher sind sich sicher, dass die Menschen bereits in der Steinzeit gute Schwimmer waren. Wer schwimmen konnte, war im Vorteil, um sich vor Feinden zu retten, bei der Jagd oder um Hindernisse zu überwinden. Noch heute können die meisten Naturvölker schwimmen, egal auf welchem Erdteil sie leben. Doch anders als bei diesen wurde das Schwimmen im Laufe der letzten Jahrhunderte von verschiedenen Kulturen immer wieder neu entdeckt und dann wieder vergessen.

Schwimmen in der Antike
Im alten Ägypten gehörte Schwimmen zum guten Ton. Adelige und Kinder der Könige hatten ihren persönlichen Schwimmmeister. Sogar die Frauen schwammen. Altägyptische Hieroglyphen zeigen den Schwimmer im Wechselbeinschlag. Offenbar kraulten die Ägypter durchs Wasser.

Bei den Griechen galt als man gar als ungebildet, wenn man weder lesen noch schwimmen konnte. In der Hochkultur des antiken Griechenland wurde aber nicht nur geschwommen, sondern auch gerne gebadet. Sehr beliebt waren Heißluft-, Dampf- oder Warmbäder zum Entspannen. Sie waren ein wichtiger Bestandteil der griechischen Gymnasien. Ein Schwimmbecken durfte natürlich auch nicht fehlen. Eine olympische Disziplin war der Wassersport allerdings nicht. Dafür sind von den griechischen Göttern und Helden die unglaublichsten aquatischen Leistungen überliefert.

Auch im antiken Rom war Schwimmen angesehen. Wirklich gelernt wurde es aber nur zu militärischen Zwecken. Wer zum Heer gehörte, musste mit Rüstung schwimmen können. Einen wahren Boom erlebte dafür die Badekultur. Die prachtvollen Bäder spiegelten den Reichtum der Kaiser wider. Es gab sie überall im Land. Sie hatten ein ausgeklügeltes Heißluftsystem in Wänden und Fußböden, das die Temperatur der Becken regelte. Für die Unterschicht standen öffentliche Bäder zu Verfügung. Die Oberschicht hatte ihre privaten Luxus-Badetempel. Ein Besuch der Bäder dauerte Stunden. Sie waren wichtige Orte für gesellschaftliche und politische Transaktionen. Mit dem Untergang des Römischen Reiches wurden die vielen Thermen zu Orten der Sittenlosigkeit. Mit den Thermen verfiel mit der Zeit auch die Badekultur.

Hervorragende Schwimmer waren die Germanen. Von ihnen ist bekannt, dass sie Wettkämpfe abhielten und ihre Schwimmkunst erfolgreich im Kampf gegen die Römer nutzten. Den Überlieferungen zufolge hatten die Germanen eine Schwimmtechnik, die sich mit unserem heutigen Kraulstil vergleichen lässt. Außerdem waren sie nicht zimperlich und badeten bei jeder Jahreszeit, selbst in eisiger

Kälte. Nebenbei war das Bad ein wirksames Mittel gegen Krankheiten. Eine Kleiderordnung gab es nicht. Männer, Frauen und Kinder badeten nackt.

Schwimmverbot im Mittelalter

Im europäischen Mittelalter änderte sich das Bild vom heldenhaften Schwimmer und verkehrte sich ins Gegenteil. Besonders unter Einfluss der mittelalterlichen Philosophie während der Ritterzeit wurde das Baden und Schwimmen bekämpft, war es doch mit der Entblößung des Körpers verbunden. Wasser galt fortan als gefährliches Element. Es erwuchsen allerlei Gruselgeschichten vom mörderischen Seeungeheuer und Dämonen, die unter Wasser lauerten. Aus Angst traute sich niemand mehr in freie Gewässer. Es wuchsen Generationen von Nichtschwimmern heran. Ertrinken war in dieser Zeit nicht gerade eine seltene Todesursache.

Außerdem wurde Wasser als Brutstätte von Krankheiten und moralischer Verwerfung verunglimpft. Dem zum Trotz erfuhren die sogenannten "Badestuben" einen Aufschwung. Hier badeten Frauen und Männer nackt im selben Zuber. Sie genossen das gesellige Leben bei Essen, Musik und Wein. Viele der Badehäuser verkamen schlichtweg zu Bordellen. Sehr zum Leidwesen der Kirche, die wiederholt mit Verbot und Bestrafung reagierte.

Aufklärung und ein neuer Anfang

Der Tod durch Ertrinken ist in vielen Fällen vermeidbar. Das dachte sich zumindest der in Ingolstadt tätige Universitätsprofessor Nikolaus Wynmann. 1528 veröffentlichte er das erste Schwimmlexikon der Welt, "Colymbetes", das allerdings auf dem Index landete.

Erst die Aufklärung brachte im 17. und 18. Jahrhundert allmählich ein Umdenken. Aufklärer wie der Engländer John Locke oder der Franzose Jean Jacques Rousseau legten den Grundstein dafür, dass Schwimmen als Körperertüchtigung wieder salonfähig wurde. In Deutschland war es der Philanthrop Johann Christoph Friedrich Guts-Muths, der für den nötigen Auftrieb sorgte. Für ihn war klar, dass Schwimmen ein Hauptbestandteil der Erziehung werden sollte.

"Bisher ist das Ertrinken Mode gewesen, weil das Schwimmen nicht Mode ist", verewigte er 1793 in seiner Schrift. Das sollte doch zu ändern sein.

Zum ersten Mal seit dem Untergang der römischen Badekultur wurden in West- und Mitteleuropa wieder öffentliche Badeanstalten eröffnet. Zum Beispiel 1760 in Paris, 1793 in Frankfurt am Main oder 1793 in Heiligendamm bei Doberan, wo das erste Deutsche See- und Moorbad entstand. Es war der Beginn einer neuen Kultur: Die Menschen trauten sich wieder ins Wasser und lernten Schwimmen. Weitere 200 Jahre sollte es allerdings noch dauern, bis Schwimmen zur Freizeitbeschäftigung für alle wurde.

Schwimmen heute

Schwimmen lernt seit den 60er Jahren jedes Kind spätestens in der Schule, denn Schwimmen gehört zu den sogenannten Pflichtsportarten. In jeder etwas größeren Stadt in Deutschland gibt es öffentliche Frei- und Hallenbäder. Schwimmen ist - wie viele andere Sport- und Bewegungsarten auch - zum festen Bestandteil unserer Bewegungskultur geworden. Experten beklagen allerdings schon wieder einen Rückgang der Zahl derjenigen, die Schwimmen lernen.

Noch relativ neu ist der Trend zu anderer Bewegung im Wasser: Aquajogging und Aqua-Fitness sollen den Spaß im Wasser fördern.

Weg vom langweiligen Hin- und Herschwimmen zum Zwecke der sportlichen Ertüchtigung hin zum Spaß im Wasser, lautet die Devise. Solche Kurse werden in immer mehr Schwimmbädern angeboten. Aber den leidenschaftlichen klassischen Schwimmer ficht all dies nicht an: Er oder sie liebt die gleichmäßige Bewegung, den Wechsel von Gleiten und Bewegen, das Vorwärtskommen, ohne wirklich irgendwo anzukommen - ob im Becken oder im See.«[4]

---

[4] Andrea Wengel, planet-wissen.de Artikel E42450682D0B3F65E0340

»**Die Entwicklung des Schwimmens und den Methoden**, wie das Schwimmen gelehrt und vermittelt wurde, war erheblich vom Stand des gesellschaftlichen Fortschritts geprägt. Die Frage des Einsatzes von Hilfsmitteln spielte in dieser Entwicklung eine zentrale Rolle. Im ersten Schwimmlehrbuch „Colymbetes“ von Nicolaus Wynmann (1538) waren Ratschläge für das Erlernen des Schwimmens abgedruckt. Für das „Alleinüben“ wurden verschiedene Auftriebshilfen wie Schilfbündel, Korkgürtel und Rindsblasen empfohlen. Es wurde jedoch darauf hingewiesen, dass diese «Tragemittel» den Schwimmer behindern und bald darauf verzichtet werden sollte.

Die Lehrweise des Schwimmens erhielt einen neuen Impuls durch das 1897 erschienene Lehrbuch des Italieners Oronzo de Bernardi. Seine Lehre beruhte auf seinen physikalischen Erkenntnissen der Auftriebskraft des Wassers. Daher lehnte de Bernardi jede künstliche Schwimmhilfe ab. Er forderte, dass der Schwimmanfänger zuerst von der Tragfähigkeit des Wassers überzeugt werden müsse.[5]

Der Lehrer und Erzieher Guts Muths hat einen wesentlichen Teil zur Entwicklung der Lehrweisen beigetragen. Er beschreibt in seinem Buch, «Kleines Lehrbuch der Schwimmkunst zum Selbstunterricht» die gerätelose Methode de Bernardis, gab aber der von ihm selbst entwickelten «Angel» als Hilfsgerät den Vorzug.

Der Vorteil der Angel war, dass die Schwimmlehrer selbst nicht im Wasser stehen mussten und gleichzeitig war dadurch ein günstiges Beobachten und Korrigieren möglich. Über viele Jahrzehnte hinweg blieb die „Angel“ das Grundgerät für das Erlernen der Schwimmbewegungen im Wasser.[6]

---

[5] Lewin, Gerhard, Schwimmsport. Berlin: Sportverlag, 1982
[6] Pflesser, Wolf: Die Entwicklung des Sportschwimmens, Pohl-Verlag, 1980, S, 86-87

Zur besseren Schulung der Brust- und Rückenbewegungen schuf Guts Muths diverse Trockenschwimmgeräte. Er erkannte jedoch, dass für die Schwimmanfänger auch gewisse Wasservertrautheit als Voraussetzung geschaffen werden musste und unterteilte seinen Schwimmunterricht folglich in drei Teile:

- Wassergewöhnung
- Trockenübungen
- Schwimmübungen

Nach dem ersten Weltkrieg wurde durch Wiessner das Schwimmenlernen auf der Grundlage von Wassergewöhnungsübungen, die im seichten Wasser beginnen, propagiert. Er verfasste 1925 die Anleitung «Natürlicher Schwimmunterricht». Als diese gerätelose Lernmethode an die Fachöffentlichkeit gebracht wurde, lehnte man die „Angellehrweise" und die Benützung von künstlichen Auftriebshilfen überall ab. Die Problematik der Lehrweise des Schwimmens bot noch lange Zeit Gesprächsstoff unter den Schwimmfachleuten, wobei die Frage des Schwimmenlernens mit oder ohne Auftriebshilfen immer im Mittelpunkt stand; sogar noch heute.[7]

Wie hat sich die Technik im Schwimmen entwickelt?

Die Geschichte des Schwimmens ist uralt, und ebenso alt sind die verschiedenen Fortbewegungsarten im Wasser. Anhaltspunkte über eine gebräuchliche Technik des Schwimmens in der Urzeit geben Felsenzeichnungen und Siegelabdrücke aus der ägyptischen Vorgeschichte.

Daraus ist zu entnehmen, dass die Form des Wechselschlagschwimmens die älteste und gebräuchlichste Schwimmart war.[8]

---

[7] Lewin, Gerhard, Schwimmsport. Berlin: Sportverlag, 1982, S. 33

[8] Schramm, Eberhart, Sportschwimmen, Berlin, Sportverlag, 1987, S. 16

In Deutschland wird im bereits erwähnten Lehrbuch von Nicolaus Wynmann „Colymbetes" erstmals ausführlich auf die Technik des Brustschwimmens hingewiesen. Die Bewegungen wurden denen der Frösche nachgeahmt.

1840 wurde aus England erstmals vom «Seitenschwimmen» berichtet. Man legte den Körper auf die Seite und führte mit den Beinen eine Scherbewegung aus. Der obere Arm wurde über Wasser nach vorne geschwungen und mit kräftigem Durchzug am Körper entlang durch das Wasser gezogen.

Der Engländer John Trudgen brachte 1873 eine neue Technik nach Europa mit, die er bei Eingeborenen in Buenos Aires kennengelernt hatte, das sogenannte «Hand-über-Hand-Schwimmen» oder auch «Spanisch-Schwimmen» genannt, wobei die Beine die Bewegungen des Brustschwimmens ausführten und die Arme abwechslungsweise über Wasser nach vorne schwangen.

1906 gab es eine letzte große Umwälzung der Schwimmtechniken. Der Australier Cecil Healy entwickelte das «Hand-über-Hand-Schwimmen» weiter, indem er die Beine nicht mehr seitlich anzog, sondern einen Wechselschlag mit den Beinen ausführte. Dabei schlug er die Unterschenkel aus dem Wasser und peitschte mit der Schienbeinseite und dem Fussrist kräftig auf die Wasseroberfläche. So entwickelte sich das moderne Crawlschwimmen.

Das Rückenschwimmen entwickelte sich seit dem 18. Jahrhundert parallel zum Brustschwimmen. Aus dem Bestreben heraus, bessere Zeiten im Brustschwimmen zu erreichen, begann 1930 die Entwicklung des heutigen Schmetterlingsschwimmen (Delfin). Da nun an den Brustschwimmwettbewerben vermehrt die Schmetterlingstechnik angewandt wurde, bestand die Gefahr, dass die traditionelle Technik des Brustschwimmens völlig verschwand. Deshalb sind seit 1953 Brustschwimmen und Schmetterlingsschwimmen zwei selbstständige Schwimmarten.[9]

[9] Lewin, Gerhard, Schwimmsport. Berlin: Sportverlag, 1982, S. 35-37

Bis in unsere Zeit haben sich international folgende vier Schwimmarten durchsetzen
können:

- Delfin (Schmetterling)
- Rücken (Rückencrawl)
- Brust
- Crawl

Dabei ist die Schwimmtechnik der einzelnen Sportler sehr unterschiedlich und variantenreich. Da sich die Schwimmtechnik ständig weiterentwickelt ist es die tägliche Aufgabe der Trainerinnen und Trainer, sich mit einer optimalen Technik zu befassen. «[10]

Die Geschichte des Schwimmens in Mendig
lässt sich bis in die zwanziger Jahre des letzten Jahrhunderts zurückverfolgen. Schon damals wurde von den Mitgliedern eines Schwimmvereines eine eigene Badeanstalt gefordert. Ihre Bemühungen blieben nicht ganz erfolglos. So erhielten sie 1925 eine Baugenehmigung. Die Geburtsstunde des heutigen Vulkanbad Mendig war damit festgeschrieben.

Die damalige Badeanstalt war, gemessen an den heutigen Anforderungen an ein Bad, recht primitiv. Dennoch konnten die Mitglieder des Schwimmvereines am Ende des Sommers eine recht positive Bilanz ziehen. Die Mendiger nahmen das Bad als willkommene Abkühlung während der Sommermonate an.

Nur wenige Jahre später entschied man sich zum Bau eines fachgerechten modernen Freizeitbades. Die Mauern, die aus dem heimischen Basalt gebaut wurden, hatten eine Länge von fünfzig und eine Breite von fünfzehn Metern. Der Boden fiel zum Schwimmerbereich hin ab. Geht man von einer durchschnittlichen Tiefe von 1,80 m aus fasste das Becken circa 1,5 Millionen Liter Wasser.

---

[10] „Entwicklung der Lehrweisen und der Technik im Schwimmen", Schwimmwelt.com, 2004

1933 kam dann der große Einweihungstag. Am 9. Juli 1933 wurde die Eröffnung des neuen Freibades feierlich begangen. Knappe dreißig Jahre später wurden Renovierungsarbeiten durchgeführt. Erstmals wurden dabei der Schwimmer- und der Nichtschwimmerbereich getrennt. Seit 1972 verfügt das Bad über eine Möglichkeit, die Wassertemperatur durchgängig auf 23 Grad zu halten. Weitere 29 Jahre später wird das Bad erneut saniert. Im Jahr 2001 wurde das Mehrzweckbecken in zwei Schwimmbereiche unterteilt. Eine Wasserrutsche wurde im Nichtschwimmerbereich integriert und das Babybecken wurde in den unteren Teil des Schwimmbades verlegt. In all diesen Jahren wurde das Bad auch mehr oder weniger intensiv für die Schwimmausbildung genutzt.

Aufmerksame Zuhörer zu Beginn der Schwimmstunde

Die Beinbewegung wird immer und immer wieder geübt

Gedankensplitter

Teil 2

Erinnerung an „Joshua und Sebastian

Ich habe noch nie zwei Kinder in einem Schwimmkurs gehabt, die keine Geschwister sind und dennoch so viele Gemeinsamkeiten haben. Beide haben keinerlei Furcht vor dem Wasser. Der Kurs macht den beiden bei jedem Wetter Spaß und sie strengen sich bei der Durchführung der Übungen regelmäßig an. Auch das Springen stellt für sie kein größeres Problem dar.

Anders sieht es bei der Durchführung der Schwimmbewegungen aus. Die Bewegungen als solche sind eigentlich nicht das Problem. Der Kopf will einfach nicht über Wasser bleiben. Die beiden schwimmen immerzu mit dem Gesicht im Wasser. Das ist kein Tauchen und kein Schwimmen. Das ist ????. Ich weiß nicht was ich zu dieser Technik sagen soll. Ich verzweifle zeitweise an ihrer Fortbewegungsart im Wasser.

Böse kann ich ihnen jedoch nicht sein. Sie wollen ja, können aber den Kopf einfach nicht über Wasser halten. Es ist ja auch viel einfacher, die Luft anzuhalten und sich nur auf die Schwimmbewegungen zu konzentrieren. Alle Kinder ihrer Gruppe erhalten nach und nach das Seepferdchen. Die Saison geht auch langsam zu Ende. Was soll ich nur mit den beiden Lausejungs machen? Sie wollen doch mit aller Macht auch das Abzeichen erhalten.

Weil sie sich so tapfer geschlagen und nie aufgegeben haben, erstelle ich ihnen ein „Tauchpferdchen" in einem Sticker. An meinem Computer drucke ich die dazugehörige DIN-A 4-Urkunde aus und übergebe den beiden „Tauchern" diese an einem der letzten Tage der Saison. Stolz nehmen sie ihre Auszeichnung entgegen.

Jetzt haben sie ein Abzeichen, das noch kein anderes Kind vor ihnen erhalten hat. Es macht den Eindruck, dass sie dieses Abzeichen stolzer als das Frühschwimmerabzeichen macht.

Erinnerung an „Lina“

Lina ist ein Mädchen, das zu Beginn jeder Schwimmkursstunde erst einmal weinen muss. Es kostet immer sehr viel Überzeugungskraft, sie zum Mitmachen zu überreden. Ist sie dann erst einmal in der Gruppe und sieht ihre Mutter in der Cafeteria sitzen, macht sie auch fast alle Übungen mit.

Das Gesicht möchte sie allerdings nicht in das Wasser machen. Immer dann, wenn Lina etwas nicht möchte, fängt sie an zu weinen. Das Weinen nimmt mit zunehmender Schwierigkeit der Übungen zu. Nach einem Gespräch mit der Mutter, entschließen wir uns eine längere Pause einzulegen. Lina soll später noch einmal mit einem neuen Kurs anfangen. Derzeit scheint sie absolut überfordert zu sein. Es ist für das Kind und für uns Schwimmlehrer eine Qual.

Knapp ein Jahr nach Beginn der Pause ruft mich Linas Mutter an und möchte sie für einen Kurs anmelden. Sie kann beim nächsten Kurs einsteigen. Der erste Abend kommt und er unterscheidet sich nicht wesentlich vom ersten Abend des ersten Kurses. Lina fängt an zu weinen. Im Gegensatz zu letztem Jahr spricht sie jedoch mit mir wenn ich sie etwas während des Weinens frage. Im Laufe des Kurses macht sie gute Fortschritte.

Dennoch. Immer, wenn ich sie auffordere zu mir zu schwimmen, gibt sie mir durch ihr Verhalten zu verstehen, dass ich zu weit weg bin. Ich gehe dann ein Stückchen näher und mache später einen Schritt zurück. Schlimm für Lina ist immer noch Wasser im Gesicht. Wir werden jedoch nicht ganz ohne diese Erfahrung auskommen. Spätestens beim Tauchen wird sich das Wasser nicht aus dem Gesicht fernhalten lassen.

Ihre Koordination ist wesentlich besser geworden. Sie kann schnell von der Schwimmnudel zum Schwimmgürtel wechseln. Jetzt muss ich ihr jedoch immer das Kinn hochhalten.

Schließlich ist der Kopf bei Verwendung des Schwimmgürtels wesentlich tiefer als bei der Schwimmnudel. Die Armarbeit muss noch verbessert werden und dann sieht das Ganze schon wie schwimmen aus. Lina wird immer besser. Die Anzahl der Styroporteile wird immer geringer. Sie sieht, dass die anderen Kinder schon teilweise ohne Gürtel schwimmen und scheint dadurch mutiger zu werden. Ihr Gürtel soll nun auch endlich der Vergangenheit angehören.

Es dauert eine ganze Weile bis sie sich traut auf meine Hand zu fallen und mit den Schwimmbewegungen anzufangen. Immer wieder hält sie sich erst einmal an meinem Unterarm fest. Also ändern wir die Situation. Ich lege sie auf das Wasser, halte meine Hand unter ihren Bauch und fordere sie erst jetzt zum schwimmen auf. Immer dann, wenn sie meine Hand nicht mehr spürt, greift sie sofort nach meinem Arm. Warum ist sie nur so ängstlich? Es kostet uns viel Überzeugungsarbeit bis sie uns glaubt, dass wir sie nicht ertrinken lassen. „Wir holen die Hand unter Deinem Bauch nicht wirklich weg. Die Hand ist ein paar Zentimeter unter Deinem Bauch damit Du nicht untergehen und dennoch alleine schwimmen kannst." So oder so ähnlich argumentieren wir.

Nach und nach gewinnt sie das so notwendige Vertrauen. Kleine Strecken schwimmt sie jetzt auch schon auf einen zu. Sie weiß, dass keine Hand unter ihrem Bauch ist und wir schnell genug eingreifen können wenn sie nicht mehr weiterschwimmen kann. Ihre Nervosität kann man sehen bevor sie losschwimmt. Sie reibt sich ständig die Hände und kämpft einen inneren Kampf. Immer öfter gewinnt sie diesen Kampf. Die Phasen des Händereibens werden immer kürzer und wir können an größere Abstände denken. Immer muss einer von uns vor ihr gehen.

Als Lina ihre fünfundzwanzig Meter alleine geschwommen hat bin ich mindestens genauso stolz auf ihre Leistung wie sie selbst.

Das Tauchen ist dann wesentlich unproblematischer als von mir befürchtet. Sie strahlt über das ganze Gesicht und wird beim Erhalt des Abzeichens richtig verlegen. Ab sofort nimmt sie am mittlerweile eingerichteten „Seepferdchentraining“ teil. Dort steigert sie ihre Leistungsfähigkeit und schwimmt immer mit einem Lächeln los. Es macht Spaß ihr zuzuschauen.

Bei der zweiten Stunde passiert es dann. Lina geht unter. Sofort bin ich bei ihr und hebe sie über die Wasseroberfläche. “Warum bist Du denn jetzt untergegangen?“, frage ich sie. Sie ist selbst so erschrocken, dass sie nicht sofort antworten kann. Nachdem sie wieder Luft bekommt, sagt sie: „Der da war mir im Weg. Ich konnte nicht weiterschwimmen“. Dabei zeigt sie auf Friedrich. „Warum bist Du nicht vorbeigeschwommen?“, frage ich. „Ich kann keine Kurve schwimmen“, antwortet sie etwas vorwurfsvoll. Klar, das hatte ich ihnen nicht beigebracht. Die Strecke wurde bisher immer geradeaus geschwommen. „Das müssen wir dann aber dringend üben“, sage ich lachend zu ihr. Sie nickt nur mit dem Kopf. Anschließend ist Lina noch zweimal in dieser Gruppe erschienen. Danach habe ich sie leider nicht wieder begrüßen können.

Erinnerung an „Max“

Während meiner „Ruhephase“, zwischen zwei Aufsichtszeiträumen am Schwimmbecken, spricht mich der Vater von Max an. Er fragt mich, ob es möglich ist, seinem Sohn das Schwimmen beizubringen. Warum sollte das bei seinem Sohn nicht funktionieren? Er erklärt mir, dass sein Sohn ohne entsprechende Hilfsmittel taub ist. Diese Aufgabe reizt mich und ich nehme Max in den nächsten Kurs mit auf.

Bei den Baderegeln, den Beinbewegungen und allen anderen theoretischen Erklärungen fällt die Einschränkung nicht auf. Max trägt ein spezielles Gerät, welches die Tonwellen so umformt, dass er versteht was gesagt wird. Geht es dann in Richtung Wasser hat er das Gerät bei seinem Vater oder der Mutter abgegeben. Jetzt hört er gar nichts mehr. Ich soll Blickkontakt zu ihm halten, langsam reden und Max kann sich richtig verhalten. So weit die Theorie. Wie bitte soll ich Blickkontakt zu einem Kind halten, das ständig mit dem Rücken zu mir steht oder weit vor mir läuft? Schwimmt Max im Schwimmerbecken zu sehr in die Beckenmitte schreie ich mir fast die Seele aus dem Hals. Maria lacht sich krumm und erinnert mich immer wieder daran, dass Max taub ist. Auch ich muss dann lachen und mit dem Kopf schütteln. Wieso vergesse ich das immer wieder? Vielleicht liegt es daran, dass Max eigentlich ein ganz normales Kind ist. Seine Einschränkung merkt man ihm kaum an. Er ist aufgeweckt und macht jeden Blödsinn mit. Es macht Spaß mit ihm.

Max absolviert diesen Schwimmkurs, wie alle Kinder seiner Gruppe, erfolgreich. Ich freue mich noch heute wenn ich ihn im Schwimmbad unbekümmert sehe.

Erinnerung an „Lukas“

Lukas ist ein Junge, der aus der Norm fällt. Er ist 10 Jahre und besonders ängstlich. Dennoch nehme ich ihn in die Schwimmkursgruppe der sechs- und siebenjährigen Kinder auf. Seine Eltern wohnen in Rhens am Rhein. Sie haben von den vielen Erfolgen in unseren Schwimmkursen erfahren und möchten, dass ihr Sohn jetzt auch endlich einmal schwimmen lernt.

Lukas macht anfangs auch, wie alle anderen Kinder, begeistert mit. Doch schon bei den ersten Übungen, bei denen das Gesicht mit Wasser in Berührung kommt, weigert er sich standhaft. Auf der Nudel liegen, mit den Händen am Beckenrand festhalten, die Übungen der Beine sitzend am Beckenrand, alles kein Problem. Hierbei ragt der Kopf ja auch weit genug aus dem Wasser. Springen die Kinder dann aber vom Beckenrand des Nichtschwimmerbeckens in meine Arme, verschränkt Lukas seine Arme vor der Brust, setzt eine düstere Mine auf und schüttelt abweisend mit dem Kopf.

Immer und immer wieder versuche ich ihn zum Sprung zu überreden. Ohne Erfolg. Meine mir bekannten Möglichkeiten sind ausgeschöpft. In meiner Ratlosigkeit bitte ich Dieter um Unterstützung. Er wird über die Ausgangslage aufgeklärt und nimmt Lukas für die Sprungübung in seine Fittiche. Nun ergibt sich eine Szenerie, die ich nie in meinem Leben vergessen werde.

Dieter steht an der niedrigsten Stelle im Nichtschwimmerbecken, Lukas am Beckenrand. Dieter reicht Lukas die Hand und erklärt: „Mein lieber Lukas. Springe jetzt hier an meiner Hand in das Nichtschwimmerbecken. Solltest Du nicht springen, gehen wir einen Meter weiter nach links. Dort ist das Wasser aber schon ein wenig tiefer. Du brauchst keine Angst zu haben. Ich halte Dich an der Hand fest und das Wasser geht Dir hier an dieser Stelle höchstens bis an die Oberschenkel. Hast Du mich verstanden?“

Lukas, der aufmerksam den Worten gelauscht hat, nickt zustimmend mit dem Kopf. „Dann springe jetzt“. „Nein“, kommt laut und vernehmlich aus Lukas Mund. Dieter geht, wie angekündigt, einen Meter weiter nach links. Lukas folgt ihm am Beckenrand.

Wieder reicht Dieter dem Jungen die Hand und fordert ihn auf „Spring“. Wiederum weigert sich der Zehnjährige. So geht es nun Meter für Meter in Richtung Schwimmerbecken. „Wenn Du jetzt hier nicht springst, gehe ich über das rote Seil in Schwimmerbecken. Dort kannst Du dann nicht mehr stehen“. So argumentiert Dieter, ruhig und ohne die Stimme zu erheben. Aber auch hier weigert sich Lukas. Er hat zwar verstanden was Dieter sagte, dennoch kommt ein eindeutiges „Nein“.

Diese Prozedur setzt sich nun noch einige male fort. Immer und immer wieder erklärt Dieter und Lukas antwortet mit einem klaren „Nein“. An der zweiten Treppe des Schwimmerbeckens angekommen, wiederholt Dieter seine Anweisung. Doch jetzt fügt er seinen bisherigen Anweisungen noch etwas hinzu. „Wenn Du jetzt nicht springst, komme ich aus dem Wasser heraus, nehme Dich an der Hand und gehe mit Dir auf das Dreimeterbrett. Dann springen wir von dort oben in das Wasser, ob Du willst oder nicht, Hast Du mich verstanden?“ Auch jetzt nickt Lukas und verweigert den Sprung. Dieter wird doch nicht etwa wirklich mit dem Kerl auf das Brett gehen, denke ich noch so vor mich hin.

Er macht es tatsächlich. Die beiden stehen händchenhaltend in luftiger Höhe. „Ich zähle jetzt bis drei und dann springen wir“, erklärt Dieter laut und vernehmlich. Kein Widerspruch von Lukas. „Eins – zwei – drei“. Beide springen vom Brett ab. Dieter ist aufgrund seines Gewichtes der erste, der in das Wasser eintaucht. Lukas folgt unmittelbar danach. Als Lukas wieder auftaucht kommt ein lautes und deutliches „geil“ aus seinem Mund.

Während des Schwimmkurses haben wir Lukas das Schwimmen nicht mehr beibringen können. Nur das Springen konnten wir ihm nicht mehr abgewöhnen. Ständig fragte er, ob er noch einmal vom Sprungbrett springen darf. Wir mussten ihn dann regelmäßig mit der Rettungsstange an den Beckenrand ziehen. Er hatte einen Riesenspaß am Springen gefunden.

Ohne Schwimmhilfe, ein tolles Gefühl!

Erinnerung an „Elisabeth“

Eigentlich kann man von einem durchschnittlichen Wetter während des Schwimmkurses sprechen. Wir haben sehr warme, aber auch recht kühle Tage. An wirklich kalte Temperaturen kann ich mich allerdings nicht erinnern. So beginnen wir den Schwimmkurs bei strahlendem Sonnenschein mit dem Sammeln der Kinder und Eltern. Nachdem alle für den Schwimmkurs wichtigen Dinge besprochen sind, versuche ich mir die Namen der Kinder einzuprägen. Also eigentlich nicht außergewöhnliches.

Während die Kinder sich umziehen, spricht mich der Vater von Elisabeth an. „Sie bleiben aber nicht so lange im Wasser? Elisabeth friert recht schnell“, sagt er mir. „Wir müssen aber schon in das Wasser gehen damit die Kinder das Ziel dieses Kurses erreichen“, antworte ich etwas irritiert. Ein gequältes Lächeln schlägt mir entgegen. Alle Kinder kommen nach und nach zum vereinbarten Treffpunkt. Nur Elisabeth fehlt noch. Ich schaue in die Richtung der Eltern und sehe Elisabeth noch beim Vater stehen. Er cremt das Mädchen noch einmal dick mit Sonnenmilch ein. Die langen blonden Haare werden noch gekämmt und zu einem Pferdeschwanz zusammengebunden. „Das kann ja noch heiter werden“, denke ich so für mich.

Wir wollen heute mit den Wassergewöhnungsübungen beginnen. Also heißt es wieder einmal: „Alle Kinder bilden einen Kreis und halten sich an den Händen fest“. Fast alle Kinder kommen dieser einfachen Aufforderung auch nach. Nur Elisabeth steht am Beckenrand und rührt sich nicht von der Stelle. Ich bitte sie, sich mit in den Kreis zu stellen. „Mir ist kalt“, vernehme ich eine zittrige Stimme. „Was soll das erst werden wenn das Wasser wirklich kühl ist?“ Ich nehme sie an der Hand und integriere sie in die Gruppe. Sie weigert sich jedoch beharrlich bei den Übungen mitzumachen. Ihre Begründung ist immer gleich: „Mir ist das Wasser zu kalt“.

Am Ende der Übungseinheit hat Elisabeth mit ihrem Gesicht nicht einmal Wasserkontakt gehabt. Da muss ich aber noch viel Grundlagenarbeit erledigen.

Am nächsten Abend sind die Temperaturen nicht wesentlich höher. Elisabeth kommt ins Schwimmbad und mir fällt ihr missfallender Gesichtsausdruck sofort auf. So richtig große Lust scheint sie auch heute nicht zu haben. Dennoch geht sie mit der Gruppe mit in das Nichtschwimmerbecken. Ihre Aktivitäten halten sich jedoch in sehr kleinen Grenzen. Das hatte ich jedoch schon öfter. Auch dieses Mädchen wird sicher noch auftauen und Spaß im Kurs bekommen.

Bei der Anwesenheitskontrolle zu Beginn der dritten Stunde fehlt Elisabeth. Das Wetter zeigt sich nicht von seiner besten Seite. Es ist bewölkt und es weht ein recht frischer Wind. Bei der vierten, fünften und sechsten Stunde fehlt Elisabeth ebenfalls. Am siebten Abend, die Sonne brennt schon den ganzen Tag unerbittlich vom Himmel, ist auch Elisabeth wieder da. Ich erkundige mich nach dem Grund für ihr Fernbleiben. „Das Wetter war ja nun nicht gerade für einen Schwimmbadbesuch geeignet", lautet die Antwort der Mutter. „Eine Erkältung, jetzt so kurz vor den Zeugnissen, können wir unserem Kind nicht zumuten. Schließlich ist die Schule für das weitere Leben wichtiger als so ein Schwimmkurs", schiebt sie dann noch hinterher.

Hier argumentativ dagegenzuhalten, erscheint mir nicht zielführend. Also nehme ich die Situation erst einmal kommentarlos hin. Bis zum Ende des Kurses hat Elisabeth auch insgesamt siebenmal am Schwimmunterricht teilgenommen. Ihre Begeisterung hielt sich in Grenzen. Über die Beinbewegungen sind wir nicht hinausgekommen.

Ein Jahr später. Wir befinden uns gerade mit den Kindern des laufenden Kurses im Schwimmbecken. Die Sonne gibt heute eine Sonderzugabe. Es war dieses Jahr noch nicht einen Tag so sonnig und warm. Plötzlich steht Elisabeth mit einer Schwimmnudel unter den Armen mit in der Gruppe. „Was machst Du denn hier?“, frage ich sie etwas überrascht. „Mein Papa hat mich hergeschickt“, lautet die einfache Antwort. „Der Vater hat mich gefragt“, höre ich Maria sagen. „Elisabeth hat doch letztes Jahr nicht schwimmen gelernt. Und Du hast gesagt, dass Du eine Pause für angebracht hältst“, erklärt sie mir weiterhin. In diesem Moment war ich geschockt. Ich werde gleich das Gespräch mit dem Vater suchen.

Nach dem Ende der Stunde gehe ich gleich zu Elisabeths Vater. Ich erkläre ihm, dass ich schon erwartet hätte, dass er mit mir und nicht mir meiner Gehilfin spricht. „Elisabeth kann in diesem Kurs mitmachen. Aber es muss gewährleistet sein, dass sie auch an Tagen ohne Sonnenschein kommt. Ansonsten kann sie nicht schwimmen lernen.“ Der Vater rechtfertigt sich nicht, nimmt mein Angebot an und verschwindet mit Elisabeth aus dem Schwimmbad.

Seither habe ich die beiden nur noch an sehr sonnigen, warmen Tagen als Badegäste gesehen. Am Schwimmkurs hat Elisabeth nicht mehr teilgenommen.

Erinnerung an „Dennis“
Dennis gehört zu den diskutierfreudigen Kindern. Es gibt keine Aufgabe, die es nicht erst einmal zu besprechen gilt.

„Wir schwimmen jetzt von hier bis zur gegenüberliegenden Treppe“, lautet meine Anweisung. „Ihr schwimmt erst los wenn ich euren Namen gerufen habe“, ergänze ich noch. „Luis – los, Malte – los, Dennis – los“. „Dennis, Du bist dran!“ Dennis steht in gebückter Haltung, reibt sich die Hände und schaut angestrengt auf den Wasserspiegel. „Dennis – nun komm!“, fordere ich ihn erneut auf. „Schwimmen?“, kommt seine ungläubige Frage. „Wenn Du willst, kannst Du auch fliegen“, antworte ich mit einem Lächeln. „So weit kann ich aber noch nicht“, gibt Dennis dann zu bedenken. „Du hast einen Schwimmgürtel mit vier Teilen an, ich stehe hier vor Dir und Markus steht neben Dir. Was soll Dir denn bei so viel Aufsicht passieren?“ „Aber ich kann nicht so weit schwimmen“, erklärt er uns.

Ich stelle mich einen Meter näher an Dennis heran und fordere ihn auf, jetzt loszuschwimmen. Wenn er sich jetzt nach vorne fallen lässt berührt er meinen Bauch. Aber auch jetzt bin ich ihm noch zu weit weg. Nach sehr viel gutem Zureden lässt er sich in das Wasser gleiten, dreht auf der Stelle um und strampelt mit den Beinen in Richtung Ausgangspunkt. Ich nehme ihn, lege ihn auf das Wasser und halte ihn an den Styroporteilen fest. Er schwimmt mit akzeptablen Bewegungen zur gegenüberliegenden Treppe. Nun heißt es, das ganze wieder zurück. Aber auch jetzt geht es ohne Diskussion nicht. Entweder stehe ich zu weit weg, gehe bestimmt zurück, wenn Dennis losgeschwommen ist, oder sonst irgendetwas.

Nach vielem Reden lässt er sich dann in das Wasser gleiten und schwimmt ungefähr drei Meter ganz alleine. Ich lobe ihn für diese Leistung. Wir wollen gleich einen neuen Versuch starten.

Markus beschäftigt sich in der Zwischenzeit mit den anderen Schwimmkurskindern. Dennis schwimmt auch ohne Diskussion los. Nach drei Metern jedoch macht er kehrt und strampelt sich die Beine fast aus. „Du bist viel zu weit weg", sagt er mit vorwurfsvoller Mine.

Um seine Beinarbeit zu verbessern, legen wir den Schwimmgürtel ab und trainieren jetzt mit der Schwimmnudel. Aber auch hiermit will Dennis nicht alleine schwimmen. Ich muss ihn an der Schwimmnudel festhalten. Nun bewegt er seine Beine in der richtigen Reihenfolge. Sobald rechts oder links von ihm etwas zu sehen ist, stellt er die Beinbewegung ein und schaut nach links oder rechts. Ich ermahne ihn, dass er zum schwimmen und nicht zum schauen gekommen ist. „Ich kann das nicht", antwortet er dann recht zornig. „Deswegen machst Du ja auch diesen Schwimmkurs", versuche ich ihn wieder zu beruhigen.

Nach einer Schwimmstunde kommt die Mutter von Dennis zu mir und berichtet von seinen Aussagen ihr gegenüber. „Ich will nicht mehr mit Rolf schwimmen. Ich gehe nur noch mit Markus schwimmen. Rolf quält mich immer so". Ich spreche ihn darauf an und erhalte von ihm folgende Antwort: „Ich habe schon Narben von deiner Quälerei". Als ich diese Narben sehen möchte, sagt Dennis: „Die kann man nicht sehen. Die sind in mir drin". Wie kommt der Junge zu solchen Äußerungen?

Während der nächsten Schwimmstunde schwimmt Dennis einwandfrei. Wir trauen uns sogar, die Anzahl der Styroporteile auf 2 zu reduzieren. Keinerlei Probleme stellen sich ein. Bei der nächsten Stunde fühle ich mich in die 2. Stunde zurückversetzt. Unendliche Diskussionen, ständiges Stören der anderen Kinder und vieles andere mehr.

Dennis beendet den Kurs vorzeitig. Eine Benachrichtigung, das und warum er nicht mehr kommt, habe ich nie erhalten.

Erinnerung an „Max und David“

Die beiden Lausejungs sind zwei Freunde, die eine ganze Menge Unsinn im Kopf haben. Dennoch sind sie, wie eigentlich alle meine Schwimmkurskinder, liebenswert. Schon während der ersten Schwimmstunde fällt mir auf, dass die beiden nicht wirklich konzentriert sind. Sitzen die beiden nebeneinander, wird alles gemacht, nur nicht, was sie machen sollen. Auch bei den Wassergewöhnungsübungen machen die beiden nicht annähernd das, was die andern Kinder machen. Ich beschließe, die beiden nur noch weit auseinander zu setzen. Bei den Schwimmübungen ist Max der erste und David der letzte Durchführende. So sind die Zeiten, in denen die beiden zusammen sind, recht gering. Bei der nächsten Übung wechseln wir die Reihenfolge.

Dennoch finden beide immer wieder einen Weg der Kommunikation. Erkläre ich den Kindern die nächste Übung kann ich sicher sein, dass die beiden Bengels nichts mitbekommen haben. Mehrere Gespräche mit den Eltern bringen nicht den gewünschten Erfolg. Ich entschließe mich zu folgendem Vorschlag: „Geben Sie Ihren Kindern und uns eine Pause von sechs Monaten. Sie stören die Gruppe zu sehr und lernen dadurch zu wenig für sich.“ Die Eltern akzeptieren diesen Vorschlag und bringen ihre Kinder ein halbes Jahr später wieder zum Schwimmkurs.

Das halbe Jahr scheint den beiden wirklich gut getan zu haben. Sitzen sie nicht nebeneinander, hören sie sogar zu. Max macht größere Fortschritte als David. Dies führt zu einem internen Machtkampf. Ist David einen Abend besser, geht Max beleidigt nach draußen und umgekehrt.

Immer und immer wieder erinnere ich die beiden an die „Hausaufgabe“. Sie sollen die Beinbewegungen regelmäßig üben. „Die Mama hat vergessen, mich daran zu erinnern“, ist nur eine von vielen Ausreden.

Max erreicht das Schwimmkursziel in der zehnten Ausbildungsstunde. Stolz ist er auf das Abzeichen und er lacht über das ganze Gesicht. David ist traurig, weint und sucht die Zuwendung seiner Mutter. „David hat noch enorme Probleme mit seiner Beinarbeit. Er schlägt die Beine ruckartig nach hinten und nimmt sich dadurch jeglichen Vorschub“, erkläre ich der Mutter. Sie ist verzweifelt. „Was kann ich den nur tun?“ fragt sie in der Hoffnung, nun ein Patentrezept von mir zu erhalten.

In den kommenden Abenden ist die Leistung von David absolut unterschiedlich. Mal schwimmt er stilistisch sauber und über recht große Strecken. Mal fängt er schon nach zwei Metern an zu weinen und ich muss ihm helfen. „David kann schwimmen“, versichere ich der Mutter. „Bei ihm scheint es eine reine Kopfsache zu sein“, füge ich noch an. Ich bin mir sicher, dass der Knoten bald platzen wird.

Immer dann, wenn David weiter als 10 Meter schwimmen soll, verweigert er von vornherein. Er fängt an zu weinen und hört erst dann wieder auf, wenn wir auf die kurze Bahn von 5 Metern gehen. Ein einziges Mal ist er zwanzig Meter geschwommen und ich habe ihn mehr als sonst für diese Leistung gelobt. Danach wollte er nie mehr so weit schwimmen.

Wir haben den Kurs beendet. David hat die Möglichkeit, in einem der nächsten Kurse einzusteigen. Er muss aber von sich aus wollen. Die Mutter und ich werden telefonisch in Kontakt bleiben.

Ann-Kathrin schwimmt ohne Hilfsmittel

Paula springt vom Einmeterbrett

Die Rolle der Helfer , der Eltern und anderer Personen

Die Rolle der Eltern wird bei der Durchführung von Schwimmkursen sehr häufig unterschätzt. Ohne die Mitwirkung der Eltern müssen einige Übungseinheiten während der Schwimmstunde intensiviert werden. Die Zeit im Wasser wird hierdurch unnötig verringert. So bitte ich die Eltern schon vor Beginn der ersten Schwimmstunde um ihre Mithilfe.

Im Gegensatz zu vielen anderen Schwimmlehrern möchte ich die Eltern während der Übungsstunde nicht in unmittelbarer Nähe wissen. Ich habe die Erfahrung gemacht, dass die Kinder dann zu sehr den Kontakt zur Mutter, zum Vater oder anderen Verwandten suchen. Dieses Verhalten ist besonders ausgeprägt wenn es um unliebsame Übungen geht. Ich verspreche den Eltern, nicht zu schlagen, zu treten, zu beißen oder andere Gehässigkeiten auszuführen. Außerdem bitte ich die Eltern, eventuelle Kritik nicht dem Nachbarn, sondern mir gegenüber zu äußern. Nur so kann ich Stellung dazu nehmen.

Wir nehmen uns gerade in den ersten zwei Stunden sehr viel Zeit für die Kinder. Wir wollen sie kennenlernen. Aber auch sie sollen sich in der Gruppe zurechtfinden und das notwendige Vertrauen zum Schwimmlehrer und dessen Hilfskräften aufbauen können. Werden bestimmte Übungen nicht, nicht gerne oder falsch ausgeführt, suche ich das Gespräch mit den Eltern und gebe Hinweise für das Üben zu Hause.

Desweiteren sind wir auf Informationen über die Kinder angewiesen. Bestehende Einschränkungen, wie angeborener Hüftschaden, Taubheit, Hyperaktivität und ähnliches sind eben wichtige Informationen.

„Probleme mit Eltern treten dann auf, wenn sie sich als autoritär, ungeduldig oder ehrgeizig erweisen."[11]

Hier sind die gemachten Erfahrungen so unterschiedlich wie die Kinder selbst. Es gibt Eltern, die die Aufgaben aus dem Schwimmkurs ruhig, besonnen und korrekt zu Hause lösen. Es kommt aber auch vor, dass die Kinder nicht zur Durchführung der Übungen angehalten werden. „Die Übungen sollen gefälligst im Schwimmunterricht absolviert werden", lautet dann hier und da die Argumentation.

Im Großen und Ganzen bin ich mit der Einstellung der Eltern zum Schwimmkurs allerdings zufrieden. Die Mehrheit der Eltern freut sich mit den Kindern über deren gemachte Fortschritte und unterstützt uns bei unserer Aufgabe. Auch hier haben sich einige Gedankensplitter bei mir festgesetzt.

Da ist Frank. Ein Junge, der wirklich alles an das Erlernen der Schwimmtechnik setzt. Seine Mutter sitzt während der Übungsstunde in der Cafeteria und liest ein Buch. Sie schaut nicht einmal zu ihrem Frank hinüber. Möchte ich mit ihr ein Gespräch führen, muss ich mich höllisch beeilen, sie vor dem Verlassen des Schwimmbades zu erreichen. Eines Tages spricht sie mich an. Ich bin ganz verwundert, dass sie noch mit Frank im Schwimmbad ist. „Wie lange dauert das denn noch? Kann Frank nicht bald mal das Seepferdchen bekommen? Frank wurde nur angemeldet, damit er vor seiner Einschulung schwimmen kann. Jetzt sind bald Sommerferien und der Kerl kann immer noch nicht schwimmen". So aufgeregt steht sie vor mir und wird all ihren Frust los. „Frank kann schwimmen", antworte ich ihr ganz ruhig.

---

[11] Kurt Wilke, Schwimmen lernen für Kinder und Erwachsene, 2007, Meyer&Meyer Verlag, S. 99

„Ihm fehlt noch die Kraft um die fünfundzwanzig Meter zu bewältigen.“ Ich verspreche der Mutter, dass Frank bis zur Einschulung sein Seepferdchen hat. Oder sollte ich besser sagen, der Mutter ihr Seepferdchen. Wir vereinbaren eine Pause von zwei Monaten. Dann kann Frank noch an einigen Schwimmstunden teilnehmen und wird bestimmt erfolgreich sein. So verbleiben wir und gehen auseinander.

Ich rufe, wie versprochen, zwei Monate später bei Frank an und biete ihm die Möglichkeit, in den laufenden Kurs einzusteigen. Die Mutter erklärt mir, dass es zum jetzigen Zeitfenster ungünstig ist. Sie fahren morgen für drei Wochen in Urlaub. Was soll ich dazu noch sagen? Ich bitte sie um Kontaktaufnahme nach dem Urlaub.

Nach vier Wochen meldet sich die Mutter von Frank telefonisch bei mir. „Wird das jetzt noch was mit dem Seepferdchen vor der Einschulung?“, wettert sie gleich los. Ich widerspreche nicht. Schließlich soll Frank bei mir schwimmen und nicht die leicht hysterische Mutter. „Er kann heute Abend kommen“, antworte ich, ohne auf das Seepferdchen einzugehen. „Bei ein wenig Übung bekommen wir ihn schon zum richtigen Schwimmen“, füge ich noch an.

Am Abend beginne ich den Kurs ohne Frank. „Wahrscheinlich haben sie es nicht mehr rechtzeitig geschafft“, wundere ich mich noch. Zwanzig Minuten später steht Frank an der Treppe und möchte mitschwimmen. Eigentlich sollte man ihn jetzt wieder zur Mutter schicken. Aber der Kleine kann ja auch nichts dafür. Ich werde nach dem Kurs, einen sehr einseitigen Meinungsaustausch mit der Mutter durchführen müssen. Diese Gelegenheit ergibt sich jedoch nicht. Frank ist mit seiner Mutter verschwunden, bevor ich mit ihr sprechen kann.

In der nächsten Stunde schafft Frank alle Bedingungen für das Seepferdchen. Ich bitte ihn, draußen auf mich zu warten, damit ich ihm das von der Mutter so begehrte Abzeichen und den Ausweis aushändigen kann. Er strahlt über das ganze Gesicht. Nachdem alle Kinder aus dem Wasser gegangen sind, fülle ich den Ausweis aus und schneide ein Abzeichen von der Rolle. In der Cafeteria, wo ich Frank mit seiner Mutter eben noch gesehen habe, ist jedoch niemand mehr. Beim nächsten Schwimmkurstag erreiche ich Franks Mutter vor Beginn der Stunde.

Frank hat schon seine Badehose an und wartet im Schwimmbad auf mich. Ich gebe der Mutter den Ausweis und das Abzeichen. Sie schaut mich ganz verwundert an. „Bei der letzten Schwimmstunde waren sie so schnell verschwunden“, beginne ich. „Sie sind ja schneller aus dem Schwimmbad entschwunden, wie ich es von der Umkleidekabine nach vorne schaffe“. Keinen Ton bringt sie heraus. Kein danke, prima oder sonst etwas. Ich drehe mich um und gehe zurück ins Schwimmbad. Zurück zu „meinen Kindern“. Alle warten schon auf mich, nur Frank fehlt. Seine Mutter hat ihn herausgerufen, umgezogen und war schon wieder aus dem Schwimmbad entschwunden.

Bei Melina und Paul habe ich oft den Eindruck, dass die beiden eine Schlaftablette vor dem Schwimmkurs einnehmen. Ich spreche die Mutter auf die arg reduzierte Aktivität ihrer Kinder an. „Das liegt sicherlich an dem ganztägigen Schwimmbadbesuch im Mendiger Freibad. Ich musste die beiden bei diesem schönen Wetter regelrecht zur Fahrt nach Nickenich zwingen. Die beiden sind seit heute Morgen unterwegs".

Das erinnert mich an die vielen Jungs, die unmittelbar nach dem Fußballtraining zum Schwimmunterricht kommen und keine Kraft mehr für die Schwimmbewegungen haben. Ich bitte die Mutter, an den Schwimmkurstagen nicht mehr ins Mendiger Freibad zu gehen. Dann können die Kinder während der Übungsstunde auch konzentriert mitmachen.

Zum Beginn der nächsten Unterrichtseinheit sitzen Melina und Paul auf der Treppe und schlafen mehr, als das sie wach sind. „Ward ihr wieder in Mendig im Schwimmbad?", frage ich vorsichtig nach. „Das hast Du uns ja verboten", kommt die Antwort von Paul. „Ich habe es nicht verboten", kontere ich. „Warum seid ihr denn wieder so müde?", frage ich gleich hinterher. „Wir waren den ganzen Tag mit der Mama in Münstermaifeld im Schwimmbad", antwortet Melina müde.

Von Münstermaifeld hatte ich in der Tat nichts gesagt. Also liegt die Schuld eindeutig bei mir. Einen weiteren Kommentar habe ich zu dieser Erinnerung nicht mehr.

Gehen wir heute rutschen?

Mit eisernem Willen

Die Rolle der Helfer hat sich in den dreißig Jahren gewandelt wie das Verhalten der Kinder. Die Helfer müssen sich in den Dienst des Ausbildungsleiters stellen und dessen Anweisungen bei den Kindern umsetzen. Sie sollen kein eigenes Ausbildungskonzept entwickeln und dies dann versuchen umzusetzen. Gerne nehme ich Anregungen von ihnen entgegen und wir besprechen, wie und ob wir ihre Vorstellungen im Kurs umsetzen können.

Es ist jedoch immer schwieriger, Helfer mit Idealismus zu finden. Es ist ja auch nicht ganz leicht, jeden Tag im Schwimmbad. Jeden Tag, der Umgang mit Kindern. Die Zeit zur eigenen Freizeitgestaltung wird arg eingeschränkt. Der Freund oder die Freundin möchten auch etwas von einem haben. Und dennoch: Die Kinder geben einem so viel zurück, dass sich die Arbeit mit ihnen in jeder Hinsicht lohnt. Nicht der finanzielle Anreiz (wenn man hier überhaupt von Anreiz sprechen kann) kann die Motivation sein. Der Umgang mit Kindern und das Bedürfnis, jemandem etwas beibringen zu wollen müssen im Vordergrund stehen.

In diesem Teil des Buches möchte ich Maria und Markus Wilbert für ihre langjährige Treue ganz herzlich danken. Sie sind beide zuverlässig und man sieht ihnen an, dass sie Spaß an ihrer Tätigkeit haben. Maria macht zurzeit eine Ausbildung zur Fachangestellten für den Bäderbetrieb (für die älteren Leser: „Bademeister"). Markus geht noch zur Schule und sucht seinen Traumberuf noch. Trotz Ausbildung, Freund, Hausaufgaben oder Mithilfe im elterlichen Betrieb finden die beiden immer noch Zeit mich zu unterstützen. Nicht vergessen darf ich dabei die Mutter. Helene fährt die beiden zuverlässig zu jeder Schwimmstunde und wartet geduldig bis zum Ende unserer Beschäftigung. Auch sie ist, wie ich, ein wenig „verrückt". Sonst könnte sie das über ein so langes Zeitfenster nicht durchhalten.

Maria und Markus Wilbert, meine treuen Helfer

Die Rolle anderer Personen

Neben den Kindern, den Eltern und den Helfern gibt es jedoch noch viele andere Personen, die meine Arbeit wesentlich mitgeprägt haben.

Das sind zunächst die Kameraden der DLRG-Ortsgruppe. Gerade in den ersten Jahren meiner Tätigkeit konnte ich mir immer wieder Rat bei den erfahrenen Erwachsenen holen. Dietmar mit seiner reichen Erfahrung als Schwimmlehrer in seiner ruhigen und lockeren Art. Walter als erfahrener Schwimmlehrer und langjähriger Schwimmmeister im Mendiger Freibad. Dieter, mit dem eigentlich alles begann. Emil und Lorenz als „Schwimmlehrerkollegen". Alle haben mich freundlich in die Gemeinschaft aufgenommen und mir wertvolle Tipps gegeben.

Nicht vergessen werden sollen die vielen Badegäste, die Rücksicht auf die Kinder genommen haben, lobende Worte für die Ausbilder und die Kinder fanden und ihre Aktivitäten wegen der Schwimmkursgruppe schon mal einschränken mussten.

Die vielen Gespräche mit Schwimmmeistern in den unterschiedlichen Schwimmbädern, den Aufsichtspersonen und die Gespräche in der Cafeteria haben mir immer wieder Mut zum Weitermachen gegeben.

Das Thekenteam vom Lavamaar in Nickenich

Leon lernt die Beinbewegungen

Noch mit Gürtel – aber bald kann er richtig schwimmen

Wann sollen die Kinder mit dem Schwimmen beginnen?

Bei dieser Fragestellungen gehen die Meinungen sehr weit auseinander. Liest man in entsprechenden Berichten der Fachlektüre, werden folgende Aussagen getroffen: „Je früher ein Baby mit dem Schwimmen anfängt, um so früher kann es schwimmen.“ „Ein Schwimmkursbesuch hat erst wirklich ab dem 5. Lebensjahr Sinn.“ „Es wird empfohlen, im Alter von 3 Jahren einen Wassergewöhnungskurs zu absolvieren. Hierauf aufbauend folgen weitere Kurse, die die Vermittlung der korrekten Schwimmbewegungen beinhalten.“

Auch das Recherchieren im Internet bringt uns nicht zu einer eindeutigen Aussage. So kann ich die Frage auch nur mit meinen eigenen Erfahrungen beantworten.

Zu Beginn meiner Schwimmlehrertätigkeit wurden Kinder erst am dem 6. Lebensjahr für eine Teilnahme am Schwimmkurs zugelassen. Die Begründung hierfür war: Kinder mit 6 Jahren können sich 45 Minuten konzentriert einer Aufgabe widmen. Kinder unter 6 Jahren haben diese Fähigkeit in der Regel noch nicht. Außerdem ist die Koordinationsfähigkeit bei unter 6jährigen noch nicht in ausreichendem Maß ausgeprägt.

Diese Aussage hat sicherlich auch heute noch Bestand. Sie gilt jedoch nur für Schwimmkurse, die nach maximal 15 Übungseinheiten beendet werden. Nimmt man sich wirklich Zeit für die Kinder, verlängert man die Dauer des Schwimmkurses und die Motivation zum Schwimmen lernen kommt vom Kind und nicht von den Eltern, können auch schon 4jährige die Schwimmtechnik erlernen. Zum Erreichen des Frühschwimmerabzeichens fehlt allerdings häufig noch die Kraft und Ausdauer.

Hierbei mache ich immer wieder die Feststellung, dass Kinder, die am Babyschwimmen teilgenommen haben, viel schneller beim Erlernen der Schwimmtechnik sind. Sie haben das für das Erlernen des Schwimmens dringend notwendige Vertrauen in das Element Wasser. Andere Kinder müssen dieses Vertrauen langsam erlernen.

Aus diesem Grund, können Kinder ab 4 Jahren bei meinen Schwimmkursen teilnehmen. Während den ersten zwei Übungseinheiten zeigt sich, ob ein Schwimmkurs zum jetzigen Zeitpunkt sinnvoll ist.

Je älter der „Schwimmschüler" ist, umso schwieriger ist das Ziel zu erreichen. Schwieriger heißt aber nicht unmöglich. So war meine älteste „Schwimmschülerin" stolze 72 Jahre. Durch ihren Willen und ihre Ausdauer hat sie das Schwimmen gelernt. In den nächsten 2 Jahren ist sie regelmäßig zum Schwimmen gegangen und hat diesen Sport mit viel Freude ausgeübt.

Sicherheit am Wasser und Baderegeln

Die Deutsche Lebens-Rettungs-Gesellschaft hat Regeln aufgestellt, die jedes Kind kennen und beachten sollte:

1. Kühle dich ab,
   bevor du ins Wasser gehst.

2. Verlasse das Wasser sofort, wenn du frierst.

3. Gehe nur baden, wenn du dich wohlfühlst.

4. Gehe nur bis zum Bauch ins Wasser,
   wenn du nicht schwimmen kannst

5. Gehe nur baden, wenn du dich wohl fühlst.

6. Gehe nur bis zum Bauch ins Wasser,
   wenn du nicht schwimmen kannst.

7. Springe nur ins Wasser,
   wenn es tief genug und frei ist

8. Überschätze deine Kraft und dein
   Können nicht

9. Rufe nie um Hilfe, wenn du nicht wirklich in Gefahr bist, aber hilf anderen, wenn sie deine Hilfe brauchen

10. Luftmatratze, Autoschlauch oder Gummitiere bieten keine Sicherheiten

11. Bade nicht, wo Schiffe und Boote fahren
12. Tauche andere nicht unter
13. Bei Gewitter ist Baden gefährlich. Verlasse das Wasser sofort
14. Gefährde niemanden durch einen Sprung ins Wasser
15. Halte das Wasser und seine Umgebung sauber
16. Wirf Abfälle in den Mülleimer
17. Gehe niemals mit ganz vollem oder ganz leerem Magen baden

Wie geht es weiter?

Wie schon mehrmals in diesem Buch angeklungen ist, macht mir die Tätigkeit als Schwimmlehrer auch heute noch sehr viel Spaß. Daher möchte ich noch möglichst lange Zeit diesem „Hobby" treu bleiben.

Im nächsten Jahr werde ich von der Bundeswehr in den Ruhestand versetzt. Mit dann 54 Jahren fühle ich mich jedoch zu jung, um auf der faulen Haut herumzuliegen.

Derzeit beabsichtige ich, mich mit einer eigenen Schwimmschule selbständig zu machen. Dies ist zu Zeit mein schönster Traum. Ob dieser jedoch Realität wird, hängt von sehr vielen Faktoren ab. Es macht mir aber Spaß, eine Schwimmschule zu planen und alle Maßnahmen für eine Realisierung zu prüfen.

Da die Wartezeiten für eine Schwimmkursteilnahme derzeit sehr lange sind, werde ich zusätzliche Kurse anbieten und eventuell den Bereich „Babyschwimmen" mit in das Kursangebot aufnehmen.

Prinzipiell möchte ich jedoch meine bisherigen Freiheiten behalten und das Hobby als Hobby betreiben. Selbst aufgebauter Zwang erscheint mir nicht motivationsfördernd.

Da mir das Schreiben dieses Buches schon so viel Freude bereitet hat, werde ich es in regelmäßigen Abständen mit neuen Geschichten und Bildern anreichern und zum Verkauf anbieten.

Alles weitere lasse ich auf mich zukommen. Ich wünsche mir die notwendige Gesundheit und die weitere Toleranz meiner Frau. Dann kann es nur positiv weitergehen.

Meinen Geburtstag feiere ich mit „meinen Kindern“

Vor- und Zuname – Geburtstag – Wohnung

Michael Tietz

geb. am: o2.1o.1956

Fhr. von Stein Straße 29

5442 Mendig

hat die Prüfung für das

Leistungsabzeichen

der Deutschen Lebens-Rettungs-Gesellschaft bestanden

Nr. Rh o2 My 4/76

Mayen, den 26.o1.1976

Ort, Datum

DEUTSCHE LEBENS-RETTUNGS-GESELLSCHAFT Bezirk Rhein-Mosel Ortsgruppe Mayen

Stempel und Unterschrift der Ausfertigungsstelle

Unterschrift des Inhabers

DEUTSCHE LEBENS-RETTUNGS-GESELLSCHAFT Bezirk Rhein-Mosel Ortsgruppe Mayen

Stempel – Bezirksanschrift

Prüfer: Erich Göke

Lehrabzeichen-Nr.: WÜ 9437o

PASSINHABER

Name: Tietz

Vorname: Rolf

Geb.-Datum: 02.10.56

Straße, Nr.: Bahnstr. 43

Wohnort: 5442 Mendig

Unterschrift

Diese Urkunde ist nur in Verbindung mit einem amtlichen Lichtbildausweis gültig.

Registrier-Nr.:

Bronze: RM-ME 0187 -B-

Silber: RM-ME 0287 -S-

Gold: RM-ME 0387 -G-

Best.-Nr. 1330 · DLRG-Präsidium · Alfredstraße 73 4300 Essen 1 · Nachdruck nicht gestattet · 76 1 10000

Deutsches Rettungsschwimmabzeichen der DLRG – Bronze –

Die Prüfung wurde mit Erfolg abgelegt.

Mendig 26.06.87

Ort u. Datum

Stempel und Unterschrift der Ausfertigungsstelle

Lucas

Prüfer und Nr. 10-21-026-72

Deutsches Rettungsschwimmabzeichen der DLRG – Silber

Die Prüfung wurde mit Erfolg abgelegt.

Mendig 30.07.87

Ort u. Datum

Stempel und Unterschrift der Ausfertigungsstelle

Lucas

Prüfer und Nr. 10-21-026-72

Deutsches Rettungsschwimmabzeichen der DLRG – Gold –

Die Prüfung wurde mit Erfolg abgelegt.

Mendig 01.09.87

Ort u. Datum

Stempel und Unterschrift der Ausfertigungsstelle

Lucas

Prüfer und Nr. 10-21-026-72

Das Lavamaar in Nickenich